U0009669

人體非罪惡，亦非猥褻。
——瑞士教育者維爾納・齊默爾曼（Werner Zimmermann）

裸體為什麼
需要理由

Nude Why To reason

張隆基．Alice —— 著

晨星出版

順其自然、尊重選擇

×阮芳賦

本書的主要作者張隆基先生，是我在樹德科技大學人類性學研究所開設學分班認識的，性學這門學問其實對許多人而言很陌生，隆基除了自己的本業，對新奇事物有濃厚興趣，因此每學期都號召各領域的同好，一起來聽課。基於他的求知精神，我常開玩笑跟學生說，是隆基逼得我一直開新課程，也因此激盪出不少靈感。隆基在課堂進修之外，四處開發新景點，如旗山的石雕家、台南的性文物蒐藏家、創作者等，就會不遠千里載我去拜訪交流。印象最深刻的是，他永遠熱情充沛、活力十足地打電話給我說：「阮老師，走，我帶你去一個好玩的地方！」

在這個社會上，隆基是個知行合一的開創者，他創立高雄市性健康協會，網羅願意投入的學生和社會人士，與公、私部門合作推廣青少年及成人性教育工作，聚集群眾不遺餘力，讓性學種子在民間萌芽茁壯。

本書主題「天體」在國外是稀鬆平常的，我在教書時常

言：「順其自然、尊重選擇」。但我曾提醒台灣的天體活動組織者，國外天體活動會嚴格與「性」區分開來，「裸體」與「性」絕對不能混為一談，然而在台灣，由於對「性」容易產生誤解，加上健康、正面性資訊的取得不易，使得裸體或天體活動容易沾上惡名。本書出版有助於讓大眾瞭解，參加天體營，不代表很好色，每個人有不同理由和動機，當社會愈走向開放，人們就愈能包容與尊重每個人的選擇，前提是：不能侵犯另一個人的自主與自由。

最後，我贈送給隆基三句話，他是一位大智之人，不斷學習進修；他是一位大仁之人，團結人、關心人；他是一位大勇之人，勇於開拓開道，無畏無懼。

作者簡介
阮芳賦

1959 年於北京大學醫學院畢業，1985 年赴美，於 1991 年獲得華人第一個性學哲學博士，2010 年獲得國際性科學赫希菲爾德勳章 (Magnus Hirschfeld Medal)。
世界華人性學家協會創會人、名譽會長兼監事長；美國舊金山高級性學研究院（IASHS）教授、美國 ACS 執照性學家、ABS 執照性學家、美國臨床性學家學院奠基院士（FAACS）。著有《性激素的發現》、《Sex in China》、《性的報告—21 世紀版性知識手冊》、《性情怡人》、《人類性學》、《性與社會文化：性學和社會中的性愛》、《老年性生理學和老人性生活》等多部重要性學著作。主編《性知識手冊》、「性學萬有文庫」。

讓我們一起爲「性健康」努力！

馬長齡

「裸體爲什麼需要理由？」，這確實是一個好問題！裸體主義者（nudist）與天體主義者（naturist）又有何不同？本書編輯群邀請我爲紀念 2009 年創會理事長張隆基的「裸體爲什麼需要理由？」這本書作序時，讓我無任何拒絕理由的答應。我自知沒有崇高的學術或社會地位，也不是天體活動的愛好者，本無資格爲此書作序；承諾的理由非常簡單，就是要向與我亦師亦友曾經就讀樹德科技大學人類性學所學分班而一直稱呼我爲「老師」的隆基致敬，也更爲了執行這本隆基生前重要心願的高雄市性健康協會所有辛勤工作者喝采。隆基不僅是個成功的企業家，更是個如書中各篇章受訪者所說的熱情洋溢又能突破舊有窠臼的「自在生活」實踐者。台灣的天體活動不是始於隆基帶領的活動團隊，但是隆基讓強調與實踐「性健康」的天體活動，在台灣綻放出色彩燦爛的花朵。

由於我在 2006 年離開了任教兩年的樹德科技大學人類性學研究所，轉任國立屏東科技大學社會工作系後，與這群對

性學充滿熱情的朋友們之互動就沒有那麼頻繁了。猶記當隆基舉辦高雄市性健康協會創建開幕茶會邀請我參加時，非常熱情的口頭邀請我擔任協會「顧問」時，我只是笑著回答「再說」來婉拒。當時我沒答應的理由很簡單，我沒有足夠的學養與資格去指導這個協會，但我非常堅信協會在隆基的熱情與人脈支持下會有非常好的發展。事實果然不出我所料，在隆基領導下的高雄市性健康協會，確實為高雄市與台灣努力推展的「性健康」理念得以實踐。

　　服飾穿著是人類文化獨特的建構，甚至在影視媒體上描述外星球生物時，也要賦與類似地球人類的特殊服裝來展現其形象。隆基藉由竹林七賢的劉伶「以天地為棟宇、以屋室為褌衣」，笑喻過度解讀與惶恐「天體」行為外在觀點。「裸體為什麼需要理由？」是一本以圖引文的書籍，書中說明天體活動於台灣及世界其他地區的發展，隆基除於文中提醒裸體行為所引發的媒體關注，天體組織與活動主題及形式，更特別的是強調了天體活動該有的學術研究。

　　本書另一重要作者「莉亞」說明海外華人對天體活動的看法及碰撞現有規範的血淚心酸，也對規劃隆基主辦南洋天體旅遊的「裸體海外漂流記」提供了詳盡精要的解釋。閱讀本書時，相信讀者能明顯感受到「隆基」與「莉亞」兩位主要作者對天體活動的熱情與實踐。本書更特別的是納入了天

體活動部分參與者「眞人眞事探訪」之訪談稿及參與活動圖片，也在「國外天體」篇章介紹了亞洲其他地區及歐美天體海灘及天體村，讓讀者從不同的觀點及文化去了解天體活動參與之經驗。文末以「新一Q&A」說明去解構大衆對「天體營」的迷思，更是本書特殊之處。

在閱讀本書的過程，隆基讓我想起強調「尙賢」、「尙同」、「兼愛」與「非攻」的戰國思想家墨子，更強烈感受到默默付出完成隆基遺願的所有朋友們之熱情。閱讀本書的圖文說明過程，帶領我經歷了精彩的天體活動「想像之旅」。感謝隆基、莉亞與邀請我寫序的「裸體爲什麼需要理由？」編輯群，讓我有機會重新省思生命的價値與意義。雖然我不是個天體活動的實踐者，相信本書對所有讀者及天體理念的學習和支持者來說都極爲珍貴。讓我們一起爲這十二位「天體愛好的實踐者（naturist）」喝采，感謝他們將參與天體活動的心路歷程出版，讓我們一起爲「性健康」努力！

於高雄澄清湖畔

作者簡介
馬長齡
樹德科技大學社會工作學士學位學程副教授
美國北科羅拉多大學復健諮商哲學博士

經歷
國立屏東科技大學社會工作系副教授
樹德科技大學人類性學研究所副教授

隆基先生：
看，我們一直在努力！

方
剛

2009 年於墾丁
（攝影/張隆基先生　照片提供/方剛）

張隆基先生去世 3 周年之際，此書得以出版。在我看來，這是臺灣裸體主義者（天體主義者）在對張隆基先生說：看，我們一直在努力！

高雄市性健康協會常務理事林宛瑾小姐約我作序。我看到她郵件中那句「感謝方剛教授當時和前會長張隆基的結緣」，瞬間一股熱淚湧上眼眶，和隆基先生，以及臺灣裸體主義朋友們相處的每個瞬間，都在眼前，彷彿昨天。

我從 2003 年開始對裸體主義興趣日益濃厚，接觸大陸的裸體主義群落，但裸體主義實踐的機會很少。2009 年，我在網上看到臺灣裸體運動領導人張隆基遭受攻擊的新聞，便請臺灣著名的性學家何春蕤教授介紹，得以相識先生。

初次見面，感覺先生像一團火，能夠點燃身邊所有的人。每次單獨相處的時候，他都滔滔不絕地和我分享對裸體主義的思考與追求。這時，六旬的他彷彿二十多歲的青年，有無盡的精力與熱情。

先生全力支持我寫一本介紹海峽兩岸裸體主義者的書，帶我參加他組織的裸體主義群落聚會，為我聯絡、召集他認為最有訪談價值的裸體愛好者。高雄、墾丁、知本溫泉、民宿……因為對裸體的共同熱愛，我結交了最「赤誠相見」的臺灣朋友們。

接觸多了，我發現張隆基先生又是一個極爲細膩、溫情的人，他總是能夠照顧到身邊人的細微感受，讓大家都很舒服。先生對我這個「外來人」更是體貼入微。

隆基先生更是一個堅韌的理想主義者。50歲時，他開始進入臺灣樹德科技大學人類性學研究所學分班就讀，學習性學課程。2008年，他發起成立了高雄市性健康協會，親任會長。此後，開展了一系列性教育活動。他主張性學研究與性的社會運動應該緊密結合，才能助益世人。因爲推動裸體主義，他承受各種誹謗、攻擊，卻從來沒有放棄信念，從來沒有停下腳步。隆基先生原本是建築業一位成功的企業家，還曾有機會進入政壇，但他都放棄這些，將熱情投在被世人普遍誤解甚至咒罵的裸體主義運動，以及性學研究和性教育上。沒有一顆熱愛和追求眞理的心，怎麼可能堅持下來？

然而，天妒英才，隆基先生去世時年僅66歲！

隆基先生曾有文章說：「生命是有限的，但對生命的探索是無限的，尤其性學的研究和推廣更是浩瀚無涯。」我想，他就是以此一直激勵自己吧。

隆基先生走了，但我們會繼續戰鬥！

隆基先生走了，但他在臺灣性權運動，特別是裸體運動領域多年的播種，已經改變了臺灣社會，已經開出燦爛的花

朵。不僅臺灣的天體人，華人世界的天體人，都會永遠懷念他。

我的《裸體主義者》一書完稿後，隆基先生邀請臺灣的攝影家和裸體主義友人們拍了100多張精美照片，擬作為配圖。可惜出版社因為種種擔心一張照片沒敢用。先生又自費購買了200本書，送給友人。

隆基先生多次和我談到，他最大的一個遺憾便是，臺灣裸體運動的很多精美照片未能收入書中，他期待未來能夠出一本圖文並茂的書，更好地紀錄臺灣的裸體主義歷程。

歷時三年，經歷種種曲折，臺灣的裸體主義者、張隆基先生生前的好友們，最終出版了這本書，在先生仙逝3周年之際，作為對他的懷念與告慰，同時，也是臺灣裸體主義者的一次宣言，彷彿在說：我們在這裡，一直在！

書中絕大多數的作者，我都與他們有過「裸體之緣」，他們留給我的印象都是善良、友愛、溫情。今天，讀他們的文字，看他們的照片，我彷彿回到了那一次次裸體主義的聚會中，大家放鬆、舒適、自然地相處著。

隆基先生在天之靈會感到安慰，他的同伴們一直在努力，沒有放棄他開創的事業！

我自己因為身份的關係，從來沒有公開過參加天體營的

照片。這一次，我希望此書出版時，能夠配上張隆基先生為我拍的一張「天體照」。這同樣是我對於不認同者的一聲抗議，也是對隆基先生的一個致敬。

三年前，隆基先生去世時，我曾寫文《天堂處處天體營》紀念他。在那文章中，我說：相信天堂處處都是天體營，那裡沒有咒罵，沒有誹謗，只有對多元的尊重與包容。

今天，我想對隆基先生說：你的朋友們正在努力著，把人間變成天堂！

2018 年 1 月 29 日

作者簡介
方剛
中國大陸著名性學家，北京林業大學性與性別研究所所長，著有《裸體主義者》等 60 餘部專著。

裸體為什麼需要理由？

建國一百年迎接曙光，天體族樂活人生。

裸體，一個人出生時的姿態，一個人赤裸裸的誕生。裸體對每個人的意義不同，從裸體到穿衣服的過程，就是社會化的過程。在一般人的日常生活經驗裡，洗澡和在大眾浴池泡湯，就是赤裸和裸體的概念。孩子在還不會自主洗澡的時候，由他們的家長和照顧者負責協助洗澡，為什麼小孩洗澡時會手舞足蹈呢？因為只有這個時候，他們的身體是解放的，還包著尿片或尿布的年齡，下半身總是被悶著，有時悶到起紅疹了，照顧者也只是更頻繁的更換尿布，卻沒有想過，讓孩子光溜溜的解放下體。孩子長大後，還在不分性別的年齡，兄弟姐妹們一起洗澡，直到生殖器官和第二性徵漸漸發育的青春期，開始意識到了，原來裸體是有區別的。

對於大多數台灣人而言，男女共浴或男女分浴的浴池，是日據時期的長輩才有這種深刻體會，湯屋、三溫暖、公共浴池，則是不少人在公共空間看到自己、家人、親密伴侶以外的裸體。一個家庭內的相處模式，可以由家人在屋內的著衣模式而略知一二。傳統家庭對於裸體的態度，認為

天體的能量是上天賦予的。

應該是私密的，或是只能接受夫妻之間的裸體，但是有些夫妻連一起洗澡都鮮少做到。台灣屬於副熱帶氣候，到了春夏交際，屋內的男性經常打著赤膊或僅穿著一條內褲，事實上，少數特別與眾不同的家庭，在家庭成員都成熟、且尊重彼此身體的前提之下，男主人或女主人和孩子們達成共識，可以接受自己或孩子在只穿著內褲。

然而，東方人對於裸體文化的不自在感，隨著性傾向還具有了生理性別的差異。在異性戀的文化，同性之間赤裸洗澡，不會感覺奇怪，若異性之間裸體洗澡，裸體則帶有了「觀看」與「被觀看」的相對位置，赤裸的時間夠久，那就成為「有意識的裸體」，有意識的選擇被觀看。整體社會對於「凝視女性」的氛圍，讓女性赤裸原本是一件很自在的事情，卻必須因為感覺「被他人觀看」而感到有所顧忌。在同性戀的文化，同性裸體和異性戀浴池裡，彼此之間的「性吸引力」是一致的。當一個人裸體，但自身沒有性慾望，裸體和裸體之間是缺乏性吸引力的情況之下，裸體不分性別；當一個人裸體，但產生性慾望，裸體和裸體之間發生性吸引力，此時的裸體，不但彼此意識到性別，也意識到慾望的張力。

享受逐浪之樂趣。

裸體俱樂部的起源

　　最早的裸體俱樂部成立於 1903 年於東德的漢堡（Hamburg）。在 1919 年德國的一名醫生發現，曬太陽可以幫助改善患軟骨病的幼兒，這促成 1920 年至今，裸體主義大幅度被人們接納。這個風潮從德國擴散至英國和法國，傳至美國是在 1930 年。1940 年開始有國際性的組織一起加入，並聯合主辦裸體運動會和會議。

　　裸體的風潮在歐洲引發後，商業組織開始建立天體度假屋，促使 1951 年「國際天體主義者聯盟（International Naturist Federation，簡稱 INF）的誕生，該項聯盟已經擁有 30 個國家加入為會員，並且超過一千個俱樂部申請加入，會員約四十五萬人次。他們的國際語言有三種，分別是德語、英語和法語。每兩年會舉辦一次國際會議。2014 年 9 月在愛爾蘭舉行，2016 年 11 月 16 至 20 號在紐西蘭舉辦。泰國是亞洲地區少數舉辦過國際天體活動的國家，吸引不少新加坡、馬來西亞、香港、台灣、大陸、印尼等亞洲人共同響應。

　　天體俱樂部以非營利的目的經營，提倡與大自然融合為一，鼓勵對人與人之間和對環境的尊重，提倡身心健康，反對毒品、尼古丁和酒精的濫用，與國際組織並肩合作，對各

天堂在前方不遠的地方

宗教和政治保持中立，其宗旨也包括拒絕任何的歧視，提倡會員之間的合作以達成以上目標，並且提倡運動以鼓勵年輕人加入和出版刊物等。

加入天體活動的成員，不一定是天體協會的會員，參加者必須認同並願意根據各協會的章程，比方說，不和參與成員做出越軌行為、性行為、不雅的動作和使用貶抑的言語。

每一個人來自不同的環境、經歷，文化和教育，會形成不同的性格和思維，所以，每個人對天體的詮釋也會不同，不同國家也有不同的規定，多數都是民間團體，國家政府若尊重各個團體，就不會干涉團體的規定，除法違反國家法律。天體協會的原則，基礎都在於返璞歸真、平等和尊重。

瑞士教育者維爾納‧齊默爾曼（Werner Zimmermann）鼓勵裸體以解除對身體的罪惡感和從壓抑中讓心靈昇華：人體非罪惡，亦非猥褻。他的論述促成西方裸體運動的思潮。在美國，性治療夫妻檔威廉.哈特曼和莉莉安.費斯曼（W. Hartman & L. Fithian）在撰寫性治療方法之前，也早就深入了美國的裸體營區，訪談一千多名裸體者，出版為《裸體社會》（Nudist Society），率先帶領大眾瞭解，這群人也是正常人，她們對裸體自在，接受天生的本我，每個人在身心靈方面彼此接納。裸體並不猥褻，反而是人的思想和對身體的

害怕及排斥，猥褻著每個人。

裸體主義者（nudist）和天體主義者（naturist）有甚麼不同

　　關於裸體主義者和天體主義者的爭議，看你們問哪個國家的人。如果在歐洲，nudist 是一個比較老的名詞。但是在北美洲，有些人還是把兩種名詞交替使用，但是通常也是分成兩個團體：自然主義者比較喜歡大自然或休閒中心，可以接近海灘、沙灘、湖水等等；然而裸體主義者通常是在城市的俱樂部裡面實踐裸體。

　　不過大部分的人不喜歡被貼上甚麼標籤。他們不覺得自己和其他人有甚麼不同，只是喜歡裸體或接近大自然而已。而且就算一個人在沙灘上裸體，他也不一定要有甚麼關於裸體的「哲學」呢！他就是很想要這麼做而已啊，為什麼一定要有理論呢？

為什麼要在別人面前脫光光？裸體會冒犯別人嗎？

　　我們可不認為如此喔！有些人認為裸體是一種冒犯，這個議題為什麼會變成爭論的焦點？可能人們覺得看別人裸體，會有點尷尬或難為情，不過如果以這個邏輯，我們也可

以說被某人穿著衣服的顏色或款式「冒犯」了。其實，裸體主義者相信，在一個自由的社會，民眾應該對於自己想要被接受的行為感到自在，但這並不表示裸體者希望被冒犯或用有色眼光對待，因為在國外，只有規範的區域內，才會讓民眾自由自在的裸體，人民不會上街隨意裸體，也就是說，社會的秩序並不會因此被打亂；相對的有些國家看到人們隨意的在公園草地上空裸體曬太陽，如果民情認為他們是在享受日光浴，這也就是約定俗成的文化。如果台灣目前還無法接受天體族或天體營，那麼有這些需求或期待的民眾，只能遊走在灰色地帶，隱身在山區或溪流旁，又得處處小心不被偷窺，不隨意的冒犯其他人，避免公然猥褻罪名。

裸體非法嗎？

在德國，你甚至可以看到人們在城市內的公園，脫光光躺在草地上曬太陽，這完全不是甚麼違反善良風俗的行為。在加拿大，法律會規定人們在哪裡、何時可以進行裸體活動。在私人的聚會場所裡，只要你不是在公共場合，都是合法的，基本上，裸體俱樂部是合法的。

至於可以選擇是否穿衣服的裸體海灘呢，因為是公共區域，在加拿大有不少海灘，法官認為裸體曬太陽不是道德淪

喪的充足條件，也不能用來做爲猥褻的裁罰依據。

　　在 1970 年代，公眾場合的裸體還是違反刑法的，直到後來法院找到法規，並非針對像是單獨在沒有人的海灘游泳，這種情形算是公然猥褻嗎？即使這個人誤解了隔離的意思，而不小心越過界。

　　可以選擇穿衣服的海灘通常都在公共區域，俱樂部通常都是私人建築物，私人擁有或採取會員制，海灘是公共區域，俱樂部則是以私人生意的方式經營。

　　目前全世界都有許多合法地裸體俱樂部和裸體海灘，讓人們有更多地選擇，讓熱愛天體人士可以有無拘無束的解放空間，不用擔心被無禮窺視，這些裸體活動帶來的正面能量，值得台灣社會借鏡！

裸體就是色情？

　　裸體本身和色情或性慾是無關的。事實上，你一定聽說過很多人認爲有穿一點點衣服，反而會讓人看起來更性感，全部脫光光就看光光了！我們的身體已經習慣被衣物覆蓋住，因爲人們傾向認爲性器官是隱私部位，所以要遮掩起來，我們想一想，如果去醫院檢查性器官，醫生快速的看一下性器官，是沒有性意味的檢查，我們上廁所的時候，性器官的

裸露也是在大多數時間都是不帶色情的意思。相對的，嘴唇可以是引起人們性慾的性感身體部位，不過如果你暴露嘴唇在街上走，沒有人會說你故意要挑逗別人吧？除了特定回教國家的習俗之外，我們習慣遮掩的部位仍然是胸部、屁股和隱私部位。

很多人第一次造訪天體營或裸體俱樂部，都會非常訝異為什麼完全沒有「性」的感覺呢？他們在還沒進來前會預料看見一個非常非常性感的氛圍，沒想到親眼體會卻不是如此。一般在大眾媒體，我們常在愛情電影或情慾影片、廣告、雜誌等媒體中看到裸體帶著性感挑逗的意思，但在天體營裡，裸體者不是走那個路線呢。

把裸體等同於色情，一直是裸體主義者最需要去澄清、對抗的誤解。你也千萬別輕易帶著有色眼光看待裸體者，他們不是反性者，也不反對性慾望，但是必須選擇適當氛圍的場地和時間。

裸體者都是暴露狂？

先別太興奮，真正的暴露狂，暴露自己的生殖器官是為了看見別人驚嚇的表情，這群人如果來到天體營會覺得很無聊，因為天體營裡面，沒有人會因為看見裸體而感到吃驚或

震撼。因為在天體營的環境裡，大家不是因為性慾目的聚集在一起。裸體主義者只是為了要「裸體」而已。如果你問她們為什麼要群聚在一起，也是因為人類原本就是群居型的動物。

裸體會違反宗教信仰嗎？

直接反對裸體，不會是任何一個宗教的中心思想，但是裸體可能會帶來或引發的性活動和性行為，就可能是宗教信仰會擔憂顧慮的社會行為。裸體主義者許多是有信仰、信念的人，她們不覺得自己裸體和宗教信仰有甚麼違背，有些人甚至覺得如果在一個大自然的環境底下，會更接近神。我們都知道上帝創造人類時，也是毫無遮掩的。

裸體是否會奪走我和伴侶的關係，或者讓我們性慾下降呢？

性是存在於大腦和你的內心。社會化的過程中，引導我們只要看到裸露的部位（不是日常容易看見的），就容易產生性慾，那是因為我們在文化中不習慣看見，性慾望不會單純來自於裸體。這樣想好了，你和伴侶一起洗澡，天天洗澡，不可能每次洗澡都有性慾吧？無論男性或女性，多半會覺得

穿衣服比不穿衣服還要有性吸引力呢！裸體主義者如果能區分清楚自己的性慾望和裸體行為，因為她們對自己的身體是更自在的，在性生活當中，也會變得更有自我覺察，不會擔心自己的身體或身材不好看，而是更能夠享受性生活。

　　總是有許多人期待裸體者「應該」要有很良好的動機和理由，應該要看見更多的學術理論和科學研究「證明」裸體對人的健康有幫助，當你看了更多國內外的介紹文章，更是將自己綑綁在「需要一個理由」，如果找不到自己的分類和說服自己，就更不敢踏出這一步。

　　我們的意志是否已經強烈控制我們的身體呢？試著找個空閒的時間，好好享受一個「不需理由」的裸體活動吧！

目錄

Nude Why To reason

裸體為什麼需要理由

Contents

序
- 順其自然、尊重選擇　阮芳賦 …2
- 讓我們一起為「性健康」努力！　馬長齡 …4
- 隆基先生：看，我們一直在努力！　方剛 …7

前言
- 裸體為什麼需要理由？ …12

chapter 1　裸體之路
- 台灣天體運動 …30
- 馬來西亞天體運動 …44

chapter 2　裸體海外漂流記
- 沒有色情的理想國 …58
- 大馬天體樂活之旅 …66
- 裸體之路—前進大馬 …78

chapter 3 真人真事
採訪

- EE …94
- Jerry …98
- Joanna …102
- Michael 夫妻 …111
- 小郭 …115
- 小羅 …121
- 崔妮 …127
- YT …133
- Victor …137
- 普普 …142
- 新一 …149
- 鄧哥 …157

chapter 4 國外
天體

- 天體的亞洲視野 …168
- 我們都是一樣的人 …174
- 無心插柳 柳成蔭　我們成了天體營主辦人 …184
- 加拿大瑞克海灘（Wreck Beach）…194
- 法國阿格德角（Le Cap d'Agde）天體村 …200

chapter 5 新一
Q&A

- 新一 Q&A …214

chapter

裸體之路

01

台灣天體
運動
╳
張隆基

裸體，當從屋內走到戶外，走上街頭，就具有了對抗社會化的象徵。中國最早對抗社會主流的「竹林七賢」之一，劉伶，和稽康、阮籍等詩人，是歷史上有名的裸體主義者，從現在的醫學角度看來，就是酒精中毒後的後遺症，但就裸體這點而言，劉伶是在家裸體者。有一天，他醉倒在自家裡脫光了衣服。恰巧客人來訪，遇見如此尷尬的場景，就直接指責劉伶，他的回答很巧妙：「我以天地爲棟宇，屋室爲褌衣（褲子），諸君何爲入我褌（褲子）中？」這不也指出了，在裸體的路上，到底是誰鑽入了「我」的衣褲內？相傳劉伶身材不是主流標準的體格，但是不管是酒後壯膽，或是真的有一種反叛個性，從古至今，社會上看待裸體的眼光似乎未曾改變，讓在家或戶外裸體的「相對少數」，都試圖在回答一個潛在假設性的問題：「萬一你的裸露，引起我的性興奮了怎麼辦？」劉伶這番話，本意是凸顯自己沒有要公開性騷擾別人的意思，因爲自己在家的習慣反倒引起他人害羞，從另個角度而言，身體悶在衣服底下久了，心裡的抑鬱和生裡的抑鬱互相影響，社會上性騷擾或性犯罪的情形愈多，表示社會對於性的風氣愈壓抑，喜歡裸體的人沒地方去，好奇裸體的人，有性衝動的人，社會拿他們的性慾沒辦法，只好用道德和法律規範。

天體實踐者的初步總是享受孤獨、孤獨享受。

到底是經常裸體的人，容易產生犯罪動機與行為，還是經常穿衣服的人呢？

對抗社會的現象，還可以從歷史上的倡議行動看起。中國大陸在國民政府從廣州遷到武漢，武漢一時成為國民革命運動的中心在 1927 年的三八婦女節這天，國民政府組織 20 多萬軍民在漢口舉行紀念「三.八」國際婦女節大會，舉行盛大遊行的途中，當時的名妓金雅玉等人赤裸著身體，揮舞彩旗，高呼「中國婦女解放萬歲！」等口號，衝進遊行隊伍。她們都認為「最革命」的婦女解放，是裸體遊行。婦女協會宣傳組走上街頭現身說法，捲起褲腿，光著腳丫控訴纏足之苦。宣傳組成員顧靈芝高聲演講：「要堅決放腳，要堅決剪髮，還要堅決反對束胸！束胸是最不人道主義的！束胸是一條毒蛇！它纏著我們婦女的肉體和靈魂……」說到激動處，她脫掉上衣，雙手托著豐滿的乳房說：「你們看，這就是真正的解放。」和西方國家在六零年代的解放胸罩等女性主義運動相比，中國婦女還前進了三十多年。

回到台灣，在民國八十二年左右，出現第一個大自然天體網，由一位科技人「james 辜」所經營，開始有系統介紹國外的天體故事、世界天體組織以及各項天體資訊，「james 辜」可說是台灣天體先驅者之一，當時藉這個網站

隆基是台灣天體活動的先行者。

隆基打高爾夫
是 PRO 級的。

推廣天體運動，篩選特定對象裸聚聯誼、尋幽訪勝，由於進入要經過篩選，偷窺狂無法參加，但是因為網路還不普及，當時也很多人不得其門而入。民國八十五年左右，網路天體意識持續發展，民國八十七年左右，在屏東山地門溪畔河床有固定簡易的天體營區，供會員聯誼，但要收會費；這是全台第一個半公開的天體營區。民國九十七年之後，開始有人重新思考台灣天體運動的定位與發展策略，這期間高雄有新的天體組織與網站陸續出現，例如「新一王子自在天體部落格」與「寶哥&judy的伊甸園」等，他們繼續尋找民宿辦理裸聚，有些民宿業者也很開明，不但歡迎裸聚，自己還參加天體活動。

目前在台灣的天體活動組織裡，自在天體家族和性學研究者的接觸融洽，張隆基先生過去曾接受性學的學分課程，同時也期待在天體的領域裡，加入成人教育，彼此相互交流。每個天體組織領導人的「天體意識」不同，因此領導者對於團體的走向很關鍵。北部的天體者，因為難以在戶外尋找公共場地，因此多數舉辦在室內。

2012年，由台灣紀錄片導演董振良拍攝影片《好奇身體》，完整紀錄天體營的活動情形，例如在草地上活動、打太極、靜坐、坐在吊床上曬太陽，傳遞台灣天體實踐者

自在射籃得分。

平凡接觸大自然的一面，並且是以健康、正向的態度傳遞。

裸體的政治

　　天體運動在台灣有一段發展的歷史，2015 年 3 月份，台灣天體運動的拓荒者之一張隆基先生過世，當初接受支持並撰寫《裸體主義者》的方剛教授為文悼念，由於在中國大陸從事裸體活動牽涉了眾多政治因素，因此若非兩岸通力合作，對於天體運動的田野調查難以進行。

　　從 2005 年開始，張隆基先生帶領幾名成員至加拿大溫哥華瑞克海灘（Wreck Beach）進行天體探索之旅，大部分的成員分屬於不同行業，從課堂上紙上談兵轉為實地觀察，讓成員們有不同的收穫，「裸裎相見，卻無一絲猥褻的感覺，自在的感受，永生難忘」。因為當時組織者主動將照片提供予報紙，讓天體考察之旅曝光，引起了不少話題。

　　從天體照片在媒體曝光之始，直到 2007 年，報章媒體潛入天體營，報導內部活動狀況首次在媒體曝光，讓大眾誤以為天體營涉入情慾因素，不再是純粹的裸體活動。當時整起事件嚴重挫傷天體組織者建立的信心。

　　由目前台灣的天體運動發展，我們應從下列面向歸納並持續關注裸體的政治：

（一）媒體焦點

- 在媒體潛入天體營事件落幕後，多數人回歸平靜自在生活，也有人依舊未走出陰霾。
- 媒體對於裸體的正面或負面報導，將會影響社會大眾對於裸體和天體活動的觀點，台灣經歷過對於裸體活動的辯論，將邁向更成熟的社會。

（二）組織形式

- 目前全台灣仍由自主願意組織的天體愛好者，負責運作團體，缺乏統一的組織。
- 參與者需要募集更多青壯年族群，讓成年大眾更加認識天體活動。
- 需避免天體活動和成人聯誼畫上等號，一項健康的裸體或天體活動，和性活動和成人派對是截然不同的，民眾需建立健康的觀念與態度。

（三）活動紀錄

- 由於天體活動籌備不易，為留下美好回憶與記錄，不同的主辦者對於活動紀錄有其要求，例如不准攜帶攝影或照相器材，由主辦方統一進行紀錄，不願

意入鏡者可事前告知以保護參與者的隱私

- 未來可藉由提高女性參與者，並由女性參與者，同時具備專業或業餘攝影長才，進行活動紀錄時將避免女性成員的尷尬與不自在

（四）活動主題

- 隨著活動的累積，主辦者希望能參與者有新鮮感受，因此多元發展不同主題，而這些主題和參與者的想法不見得百分百吻合。未來可嘗試運用主題性的招募，區分參與者的性質和興趣。
- 裸體活動與成人性教育課程的區分實屬重要，由於性在台灣人眼裡仍屬敏感議題，當參與者未必受過專業性學訓練時，在裸體的情況下談論性議題，自然會產生成員間不必要的誤會，課程需採漸進式的發展。著衣時的課程和裸體活動應嚴格區分，避免參與者產生心理矛盾與混淆。

（五）學術研究

- 裸體/天體活動與性、性慾、情慾是不同的學術概念，進行本土的學術研究有助於民眾區分這些概念。

- 從社會學、心理學、性學、性別等領域研究者的參與，方能瞭解台灣天體族友的面貌與多樣性，為健康的天體族去標籤，並為本土研究扎根。

台灣的天體活動者，如今在北、中、南各自有不同的組織，雖然缺乏集體共識，但媒體報導的事件讓大眾有正反面的思考。正面的影響是媒體讓全台灣社會打開對於裸體文化的視野，負面的影響是媒體的詮釋造成大眾對天體營的誤解。裸體成為一種解放的象徵，當有人可以裸體，有人不能裸，裸體就成為政治的角力。無論是媒體或研究者，需意識到和實踐者之間的權力關係不對等，也期待更站在對方的角度給予包容與理解。天體運動的政治有其正確性，例如性慾是自然的，但性與裸體是兩個概念，性活動不該發生在天體營的公開活動區域，可以規範在獨立的空間（例如房間或區隔範圍）。台灣的天體活動正要開始凝聚更強烈的團體共識。

馬來西亞
天體運動

×

莉亞

千里取經，追求自然。

「天體」兩字，有人解釋為天生我體，我則把它詮釋為「天」是大自然，如天人合一的「天」字既是大自然與人類的融合；「體」是赤裸的身體，以赤裸的身體擁抱大自然，就是天體。

天體啟蒙：春風吹上我的全身

我出生於馬來西亞，就讀中學時期，無意間在一本雜誌上看到有關天體的正面報導，於是，天體就悄然埋在我心中，我默默對自己許了個願：「有生之年，我一定要嘗試。」

就在 2010 年，有幸再次赴台深造，聽聞臺灣有天體活動，在多方探究之下，瞭解主辦人的名字是張隆基，但我不認識他，也不知道如何才可聯絡他，更不知道張隆基除了和天體有關聯之外，他是何許人？

有次參加阮芳賦教授在外開辦的性學研習課，巧遇張隆基也參加，當下一知道他就是我要找的人，我立即向他報名參加天體活動。就在 2012 年的一月份，我搭上天體的列車，從此愛上天體。

有一首歌名為「春風吹上我的臉」，為何是吹上臉而不是吹全身？因為身體被衣裝遮蔽，只露出臉孔。讓春風

吹拂臉龐是何等的暢快，想想看，若春風吹上全身，那是多麼的舒暢啊！

　　我第一次卸下衣裳是在臺灣的墾丁，正值臺灣的冬天，可是，在臺灣南部，冬天的氣候就像春天。暖和的陽光和冰冷的風，春冬皆無異。讓暖和的太陽籠罩全身，伴著冰涼的海風，徐徐的吹在身上，全身就像被輕輕地愛撫，頓時，才驚覺大自然賜予皮膚如此的美妙感覺，至此，我全然愛上以最自然的方式去擁抱大自然，我第一次感受到在大自然之下是如此地陶醉。這是我愛上天體的第一步。

　　愛上天體的第二步是當天我從海邊走出來，到達民宿，每個人各做各的……有人靜坐放空、唱歌跳舞，也有打籃球、聊天……人人皆自在，原來天體可以是這麼的自由自在。

　　往後的天體活動，讓我發覺天體的好處實在是太多了，如脫下衣裳之後，人與人之間的差距縮小了：沒有階級之分、減少種族歧視、正面看待裸體，還有解壓、釋放……，多得不勝枚舉。

臺灣情景：依山傍海，國際發光

　　臺灣的天體民宿令人流連忘返，每一間座落在不同的

地方，依山傍海，離開喧鬧的都市，各展其特色。南部和東部的天體民宿就是一個給都市上班族解壓的避暑聖地，加上南部氣候多暖夏涼，和臺北的氣候有頗大的差距，因此，會吸引臺北人到南部參加活動。

我時常參與新一在南部舉辦的裸體聚會，從南到北，我都跟隨。在我研究所畢業那年，我離開高雄到臺北居住兩個多月，參與另一名主辦者舉辦的活動，主要是野溪和海邊烤肉，天冷時就有得泡湯。臺北缺乏隱秘的民宿供天體活動，因此，一般活動是以一日遊的方式進行。另外還有只限攜伴參加的裸聚，我當時因為沒有伴侶和經濟拮据，所以，只能在門外徘徊，不曾涉足。

2013 年 11 月，我離開臺灣返回馬來西亞，從此告別臺灣天體。在臺灣參與天體這段期間，我帶領臺灣天體族進軍馬來西亞和泰國，同時，我也在馬來西亞、亞洲裸膚和泰國天體網站，力邀國外天體同好來台參加天體活動，其中有來自杜拜、新加坡、馬來西亞、香港、廈門和夏威夷的天友，幾乎每一位赴台參加天體活動的天友，對臺灣民宿都留下深刻印象。當有人還想去第二次時，我已不在臺灣，因有語言隔閡，他們不知道如何聯絡，加上新一曾經沉寂一段時日，沒舉辦活動，張隆基先生逝世後，好不容

易和國外天友的關係才開始接上軌道，因這種種原因，臺灣天體就此與國外同好的關係停頓，尤其可惜。

臺灣有相當優越的條件吸引國外遊客，特別是來自歐美和其他國家的遊客。對於非華裔人士，他們對臺灣是很陌生的，他們知道以華人為主的中國、香港、新加坡，但是鮮少暸解臺灣。臺灣大部分的遊客是來自國外華裔，臺灣在許多年來的旅遊努力和傳達的訊息，主要吸引的是國外華裔。天體可以進一步在這方面打造臺灣旅遊的知名度，把它推廣至歐洲、非洲，紐、澳等地區，重要的是臺灣天體界必須有懂得英語的人，活躍於國外天體網站，把臺灣介紹給國外人士，力邀他們到臺灣參與天體活動和見識臺灣的天體民宿，在口耳相傳之下，相信天體可以助臺灣打響知名度，把臺灣旅遊業推上更高的一層樓，除了海外華裔知曉之外，也吸引國外非華裔人士慕名而來。

馬來西亞情景：天生我體，何來猥褻

在我還沒參加天體活動之前，馬來西亞已經存在著一些小團體，三三兩兩到海邊裸泳、瀑布戲水和登山，這些小團體主要是男生。2010 年，馬來西亞有人開始設立天體網站，主要是作為同好們的分享平臺，但不活躍，網站冷

清。直到我在 2012 年帶領臺灣天體進入馬來西亞後，我才加入馬來西亞天體網站，積極主動開闢「幽默篇」，把有關天體笑話的文章貼在網站上，並主辦競賽和召集裸體活動，把參加後的文章感言、照片和錄影，上傳至天體網站，與同好們分享，此時的天體網站相當有人氣，大馬天體步入具挑戰性的氛圍，彷彿在保守社會欲爭一席之地，然而，天體在以回教徒居多的國度，卻被蒙上情色的幕紗。就在 2014 年，檳城天體運動會和遊戲事件的錄影在臉書上瘋傳，被媒體揭發，以煽情的字眼，觸動民眾的情緒，聲討參與者，大馬天體和亞洲裸膚網站立刻關閉，15 名參與者被追捕，其中 3 名新加坡人、2 名緬甸人，1 名菲律賓人，其他包括我本人則是大馬人。

　　15 名參與者中，10 名被提控，另 5 名已回國或匿藏起來，所以逃過一劫。6 名認罪，各被判坐牢一個月兼罰款五千馬幣（約台幣五萬元），其中一名將當天活動錄影上傳在公開網站的參與者，則另被罰坐牢 6 個月，其他 4 名包括我本人因不認罪，各以四千元馬幣保外候審，目前本案已終結。我們觸犯的條文是 294A（在任何公眾場所作出任何騷擾他人之猥褻動作）。我堅信我會贏得這場官司，原因是現場沒有其他外人，到底騷擾了誰？活動結束後，

錄影片段在其他人不知情的情況下，被上傳而引起的民眾恐慌現象不是我們的錯；我們選擇遠離人群的海邊進行活動，可見天體人無意侵犯他人；天生我體，何來猥褻？馬來西亞並沒有特別針對天體的條文。

裸體活動的錄影帶被瘋傳，不是因為它有裸體鏡頭，而是上傳者註明這是在「馬來西亞檳城」的裸體運動遊戲營所致。因註明地點，頓時引起反對黨借題對檳州政府攻擊，堅稱這是經過檳州政府允許而辦的活動，執政黨為了洗脫被指責的罪名，也向警方報案，由此可見，在檳城舉辦的天體營被政治化，媒體乘勢大肆炒作，以煽情的文字，觸動民眾的情緒，致使這些不偷、不騙、不搶、不傷害的無辜者受重罰，以達到大快人心的結果。

除了正規的室內裸體畫畫，大馬有四種不同類型的裸體活動，第一類是純粹以最自然的方式擁抱大自然，他們也以自在的方式辦室內裸體活動，嚴格禁止帶有性的念頭進入天體領域；第二類是藉裸體活動辦性愛派對，僅限攜伴參加，男女的比率要對等，以交換伴侶為其活動目的；第三類是攜伴參與，也歡迎女性參加，主要是讓其女伴在其他女性面前感覺較自在，因此，男性的人數不可超過女性。第四類是開放性質，接納前三類不同團體加入，同時

也開放給著裝者，參與者不得帶有性的目的而來，而是以接納和尊重多元的方式參加活動，活動內容多為到隱秘的海島和野溪露營。

臺灣和大馬媒體的異同

臺灣在 2007 年的裸體聚會曾經遭受媒體踢爆，與大馬的情況一樣，連續三至四天出現在各報章的頭版新聞，臺灣媒體還把這場裸聚譏為「天體淫」。馬來西亞的天體遊戲運動會同樣被懷疑是掛羊頭，賣狗肉。雖然，網路上的錄影呈現出單純的遊戲和彩繪，以及非常健康的文章，清楚地描述當天的活動情形，卻一一被質疑為「活動之後，誰知道會發生什麼事？」言下之意是活動之後大有可能會有性愛派對。

從兩地媒體報導天體的態度來看媒體素養，兩地皆是帶著「性」的有色眼鏡看待天體。「性」是令人恐慌的事，因此，群眾對十幾名自然主義者赤裸裸地在國家公園嬉戲，有騎馬、跳舞、賽跑、翻過身體的身體接觸等遊戲和運動，那真的是像一顆原子彈投下來，令整個社會譁然，同聲譴責。在報導天體事件的態度上，唯一不同的是臺灣媒體報導的是純粹天體新聞，而馬來西亞媒體除了報導天體事件

外，也對個人隱私感興趣，認爲可以在公眾場所裸露的人，一定是心理和精神出現問題。因此，媒體透過與我（活動召集人）熟悉的朋友口中，把我過去的情史揭發，聲稱這是情傷造成心理和精神問題。新加坡電臺更是邀請兩位心理專家針對檳城天體營事件發表其看法。可見，天體在星、馬兩國被看成是心理和精神的問題。

天體事件之後

檳城天體事件被揭發之後，大家就更加謹慎，活動多爲戶內，也有戶外登山和海邊裸曬及裸泳，儘量避免拍照，若拍照則以背面對著鏡頭，網路上儘量避免放上地點，即使是在只供同好分享的天體網站。

爲了避開媒體的追蹤，大馬天體網站以不同名稱，悄悄地開關，其他網路搜尋器沒辦法找到其網址，只有被推薦的同好才可進入此網站。欲達到像關閉之前的開放式天體網站的人氣是比較困難的；無論如何，網路的開關是聯繫同好的管道，我會竭盡所能，奉獻自己於天體領域上。

未來展望

2016 年 11 月，兩年一度的世界天體峰會在紐西蘭舉

行，我帶著來自馬來西亞天體同好的身份參與，同時，我也會介紹孕育我的臺灣天體、我在2013年拜訪的香港天體、還有新加坡和我參與的泰國天體，讓來自國外和歐洲的人士瞭解亞洲已在進行天體活動，某些地區正蓬勃的發展。我提供了個人建議給天體界，即它必須是個團結的組織，團結各地不相往來的組織，檢討天體界在歐洲已經有超過一百年的歷史，為何還不能被亞洲社會認知和大部分歐洲人接納？同性戀者曾經在某些國家的歷史上被判死刑，但不曾聽說因天體而被判死刑，家庭會因為成員裡有同性戀者而斷絕親情關係，但沒聽說過因天體事件導致親情不相往來。然而，同性戀已經受到一些國家的認同和立法保護，為何天體還不被人認知？

參加峰會將是我邁出亞洲天體的第一步，透過與各界的交流，讓彼此瞭解，檢討天體的發展，希望能夠在天體界激起一些火花，幫助亞洲天體發展和把世界天體推向更漂亮的明天。

作者
莉亞，本名周淑和
著有《【罪】後的告白 - 記馬來西亞檳城天體營事件》
目前積極從事大馬國內外天體運動

—

裸體海外漂流記

02

沒有色情
的理想國

✕

張
隆
基

大家像兄弟姐妹般享受大自然。

裸即是色，這是千古不變的定律。

　　人生下來，意識到必須穿上衣服遮去羞恥的那天開始，就不時不刻受到「煽情」、「色訪」、「性幻想」、「偷窺」、「性禁忌」的撞擊，像佛家的木魚聲「喀喀喀」敲個不停，天天釘著你不能逾越尺度，謹守分際，色是惡魔的化身。

　　然而「色情壓力」無所不在，海報上的羅紗裸女，雜誌上噴霧的性感畫面，服裝 Show 上近乎三點全露的高挑美女，鋼管上丁字褲特技的豔舞媚女，在脫與不脫間，千變萬化，更是色情洋溢。

　　女性主義對於將女體物化痛加撻伐，尤其是裸露取悅男性更不以為然。

　　報紙曾經刊載二篇插圖，其一是「天體奇觀」，數千位智利民眾在聖地牙哥森林公園自願寬衣解帶，協助攝影師圖尼克 (Spencer Tunick) 拍攝集體裸體照片。

　　其二是「赤裸反戰」，美國和平運動組織「赤裸的見証」在加州北部雷伊斯角山坡上，裸體排列出「不要戰爭（NO WAR）」的英文字樣，表達該組織反對美國攻打伊拉克的立場。

　　同樣的裸露，不同的構圖，卻有不同的境界，相去十

萬八千里，裸體不再僅是為色情的發聲，透過裸體可以表現藝術，反抗政策，也反應人類追求自然健康的心聲，「天體營」的組織，長期以來，得到人類的呼應與文明的認同，就是這一種思惟。

天體營之巡禮

民國九十一年九月初，我初次踏上天體營的海灘之後，並連續再去了三趟，每次約四個小時和海灘成員一樣脫去衣物，舖上小布毯，擦上防晒油，享受日光浴、看書，成為他們中的一員。

在偌大海灘上，有數以百計的男男女女，年少年長年齡不拘，黑人白人，色種都有，只是黃種人少有駐足。

天體營座落在溫哥華市西邊靠近海灣的一處海灘 (Wreck Beach)，必須穿過一片樹林，約五分鐘的路程才得以走下海邊。入口處貼有禁止攜帶食物，污染海的禁令，但未明顯書寫天體營的字眼，但熟悉的遊客知道這是天體營的入口。

在入口附近，正面對著溫哥華著名百年歷史的大學，簡稱 U.B.C. 大學，是人文薈萃之地，本地區房地產因為校區因素，而且面臨海邊或許又有天體營之故，房地產特別

的昂貴。

　　入口附近，車輛每日擠得滿滿，只要開車途經海邊公路，路旁停滿很多車輛連綿一二公里者，視途老馬就告訴你沿山邊小路而下，每條路都可下去海灘，到了海灘就是天體營區了。

　　天體營非常的遼闊，大部份集中在沙灘邊，但有些不願被打擾者，就選擇在非海灘的沙岸上或臨樹林邊，各取所需，極目望去海邊沿線約兩公里都是裸體者活動的足跡。

　　每個來到海灘的人，都背著背包簡單的涼鞋攤開背包內的毯子、書本，甚至搖床，然後衣服一脫，再拿出防晒油塗抹在全身　，就開始享受天體之樂。

　　在這裡裸體者以白種人為多，間或有黑人及其他種族人士，天體活動是他們生活中重要的享受。在此地讀書的大陸人不少，曾看到兩位大陸少女穿著泳裝穿梭在海灘間迴盪，一副「嚐鮮」的模樣，未下水，逛一圈後，穿上便服，完成天體營巡視之壯舉，就走了，她們應是今生第一遭吧！

　　在海灘上除了日光浴的人們外，動態活動也沒閒著，有在海邊玩滑板，也有玩美式足球，若看到帶樂器者那就熱鬧了，一群人喝著飲料，忘情高亢的歌聲，都引來成串的掌聲，玩的盡興，甚至跳到石頭上，跳舞兼指揮，任情揮灑。

這裡有家庭式活動，全家老少分組玩排球對抗，老中輕三代，其樂融融，健康的胴體，歡叫的呼聲，無拘無束的有如日本「家族泡湯」模式，雖不盡相同，但有異曲同工之效，健康又快樂。

　　有一種高昂的呼叫聲迴盪在海灘上，他們穿梭在人群中提供食品飲料的服務，那是海灘的販售人員，他們黑金的皮膚，熱情叫喚聲，時而嘻笑，勤打招呼，串聯所有營區成為一家人，當在口渴或飢餓時，隨著他們的呼喚聲的接近,可適時取得最佳的服務，同時也維護整個營區的乾淨和衛生。

　　營區開放的時間非常的長，從早上天亮到晚上九時天黑時，平均溫度約在 20 度 C，潮汐漲退有序， 添情趣，潮來潮去，人潮也一波的來，一波的去。其中也有好奇的人士夾雜其中，游目四顧，好奇的盯一片片美麗的胴體，觀光客正是天體營

純淨的心和大海一樣遼闊。

的景緻之一，他們穿著整齊的衣服，在天體營中顯得突兀，但卻一點也未打擾天體營成員悠閒心態。

在天體營中不必然要褪掉所有衣物，著短褲也行，要穿上衣物也行，只是這是裸體者的天堂，裸體者可以盡情放浪，拋開世俗的拘束，縱情山水，無須任何禁忌，不須顧及「隱私」，他們男男女女，以「大字開」晒著日光浴，身體的每一吋肌膚都和陽光密切接觸。

你無法拋開視線，不去接觸到男男女女的身體，在天體營中身體是公開攤在陽光下，強迫式也好，非強迫式也好，男女無私密，男性性器官大大小小，晃過你身邊，女性性器官也在你購食時她就在你眼前，身材凹凸玲瓏，肥胖或瘦小，陰毛稀疏或黑密卷鬆一一俱全，你不須「偷窺」也不須迴避，人體最自然的面貌，未經修飾雕塑，正如海灘的面貌，原始而親切，樸實也迷人。

迴響

早年，從報章雜誌看到香氣四溢的「天體營」的報導，心中充滿無限遐想，一生之中，若能一探究竟，一償夙願，當不虛此生，因此當機遇來臨，就鼓起勇氣，拋開黃種人假道學的面具，投入其中，心中歡愉無以言喻。

台灣版「天體營」活動，起自 2002 年 12 月號《柯夢波丹》一篇作者親身報導——「我的初次天體營」，文中敘述營區景觀不夠，衛生不好，人員不多（約 10 人左右），氣氛不足，彆彆扭扭，自然享受不到天體之樂，和自然海景的裸體活動的情境當然無法比擬。

　　四天「天體營」的洗腦之後，心靈澄澈雜念全無，對男女性權自有一番領悟；享受生命之美，無分男女，撕下道德面具，垂手可得，一旦意念頓悟，幸福洋溢，感受至深。當褪去衣物，坦然面對大地，不禁詠嘆生命造物之偉大。

　　人間情愛之真諦，受限於華服的掩飾，肉體神祕的迷惑，在假面紗的掩護下，往往真愛難求；但當平素淡妝，袒裼相見，無拘無束，舉手投足，愈見喜歡，感情自然孕育而生，此情必然樸實真誠，天長地久。

　　市井色情刊物《Penthouse》、《Hustler》、《Play Boy》經過加工渲染達到的色情效果，但若採取開放的裸體觀念，身體的禁忌及神祕消失，誠如北歐諸國，還原性的原貌，身體不再是神祕的堡壘，由於身體的禁忌解除，「性騷擾」、「性暴力」相對的降低，兩性更見和諧，性教育的種子就自然散播下來。

大馬天體
樂活之旅

✕

張
隆
基

身體力行蘇東坡的詩作，橫看成嶺側成峰，遠近高低各不同。
不識廬山真面目，只緣身在此山中。

充滿不確定性的天體之旅

2005 年 7 月底，我帶七人團體，向溫哥華的瑞克海灘 (Wreck beach) 朝聖，從此展開了台灣的「天體革命」，短短七年來，天體的發展，從地下躍上地面，從一年辦一次，到一個月辦一次，一路跌撞，但卻快速的蓬勃發展，如今每年在全台辦活動，參與人數年突破 500 人次，在台灣的天體運動已達到一個平臺後，我在思考著台灣天體下一步的發展。

2012 年元月邀請 Liya 參加「四重溪活動」，她第一次參加，天生有天體族的基因，知曉她從馬來西亞來的，我說我期待有機會造訪「檳城」，並舉辦海外的天體之旅，她興興致沖沖的於元月 11 日返回故鄉，積極的探尋可能的場地（民宿及海灘），在一個月的 e-mail 緊密討論，她果然找到「果園的民宿」及檳城「無人沙灘」的地點，也規劃將蘭卡威列入行程，因為蘭卡威的沙灘是不可或缺的天體盛地，三月份在台東草堂舉辦的天體聚會，Liya 透過布幕熟練介紹檳城及蘭卡威的優美景象，獲得約十位天體人的舉手贊同，於是展開了籌辦的工作。

透過電腦的搜尋，Liya 伶俐的加入泰國天體成為會員，

以會員的身份，她發佈消息，引來了印尼、馬來西亞、新加坡的天體人的興緻，也使得此次行程充滿了國際風味，引來國外人士的加入，她確定是付出很多心思和時間，以剛出道的天體人而言，她的執行力令人刮目相看。

善良的民宿主人

　　四月份在民宿主人旅台時，經電話連繫瞭解民宿的狀況，工人可否排除？他說很難，因為是假日所以工人大約只一人，會支開不妨礙我們的裸居生活，對民宿主人的回應，我深深的感到困惱。6月30日早上九時許抵達果園，古木參天、一片綠色樹海，原來這些高直的大樹是榴槤樹，樹上是榴槤一顆顆掛在上面，成熟了就從樹上自然掉到地上來，果農才拾起去賣，第一次看到榴槤樹，感到不可思議的高聳，伸入高空五六十公尺，果實掉下來豈不會砸死人？早餐是米粉及土司，果園女主人很親切，告訴房間使用，並送來榴槤、山竹、紅毛丹三種馬來西亞的特產水果，女主人一離開，我們就卸下衣物，馬來西亞第一次宿天體之旅就此展開。

　　中午女主人準備了豐盛的地方特色餐供我們食用，餐點特地移到住宿處，不必再穿回衣服，兩位馬來西亞及印

度朋友和我們裸身用餐，特別亢奮，台灣生活方式如家人相聚，自由自在裸身行動，如曬太陽、用餐、喝咖啡、聊天、照相，一切隨興，下午三點多老闆回來了，他著裝和我們打招呼，一點也不扭捏，還和大夥照相留影，至此我知道了，這一華人民宿，不輸台灣的民宿，親切友善、視裸體者為家人，Liya 怎麼找到這麼好的民宿，這麼好的主人，馬來西亞不是大家想像中的封閉保守了，天體未在當地開花，只是當地天體者未去開發，來去敲門而已，台灣天體之路，一步一腳印跨出閃亮成績是台灣人自己勇敢走出來的，或許，是兩國民主成熟度不同之故吧！就像這一次，我們敲開馬來西亞的天體之門。

檳城（Penang）的無人海灘初探

Liya 說的沒有錯，檳城有很多未被開發的海灘，沙灘潔白，海景樸實，符合「不是公共場所」的要求。在七月一日（星期日）下午三時抵達 Teluk baling，後然後坐船至 Teluk kampi 島，剛一上船，船老大開得尚平順，但漸離開碼頭邊，風浪就漸大了，我和路哥在船首第一排，迎風搖晃，手非得握緊攔桿，似乎要被搖盪出去，只見路哥閉目吃力的神情及看到團員心神不定的表情，波波的小風浪，

我都懷疑要找到無人的沙灘，究竟要開多少的航程？終於一陣波折後就漸漸平穩了，開了約 30 多分鐘後，抵達一處無人海灘，我們挑了一塊靠角落的沙灘停靠，興奮之情早就忘了剛才的顛波。

跳下沙灘，路哥顧不了鞋已溼，大夥兒將行李放在陰涼的樹叢下，一個個就裸身飛奔了出來，帶著相機披著浴巾，飛翔在無人的海域，雖然不遠處有一條小船在釣魚，但已無關緊要，這完全屬於我們的無人沙灘，現在我們就要完全的享受，拘謹的 Tim 鋪著浴巾曬著太陽，而活躍的 Sandi-pan 則是奔上跳下，和 Liya 拍寫真或潛入水中當水鬼，大家照相玩水散步，拋掉年齡，忘掉世俗，第一度享受海闊天空，無憂無慮的沙灘美景，白花花的沙粒，一波波的浪潮，盡情放鬆，幾千里路的旅程，圖的不就是這完全的放恣？這原始的風貌，台灣無法擁有的自然美景，天體人的主張「崇尚自由，熱愛自然，享受自在」惟有在無人的沙灘上，得到充份的証實。

蘭卡威 (Langawei) 的沙灘魅力

蘭卡威是渡假天堂，來了檳城，沒有到蘭卡威必留遺憾，蘭卡威離檳城約有 2.5 小時航程，中型渡輪班次很多，

島上小島林立，更添神秘色彩，天體人在島上沙灘享受奔放之美，當以到外島尋找外灘爲甚，那份神秘色彩令人激動難抑。

要去尋找神秘的無人沙灘時，受盡折磨，首先是天氣不定，已經連續雨天下午下大雨了，但是時間有限，只得靠運氣出海尋找了，7月4日中午從 Desa Motel 出發，至碼頭搭船，10 個人 (Tim 離開，但新加坡的 Victor Wang 來會合)，以勇者無懼的精神，雖在 40 年駛船經驗的船老大駕船出海，但在群島環伺之中遊蕩尋覓，由於是漲潮時刻，不易看到裸露的沙灘，因此先在附近小島環繞，所謂「環遊三島」了，但海城寬闊，時而逆風，時而潮大，船身搖晃得很厲害，屁股都坐痛了，仍找不到一塊露出雪白沙灘的小 beach，邊遊覽邊等待潮水退下，果然找到一塊小小的

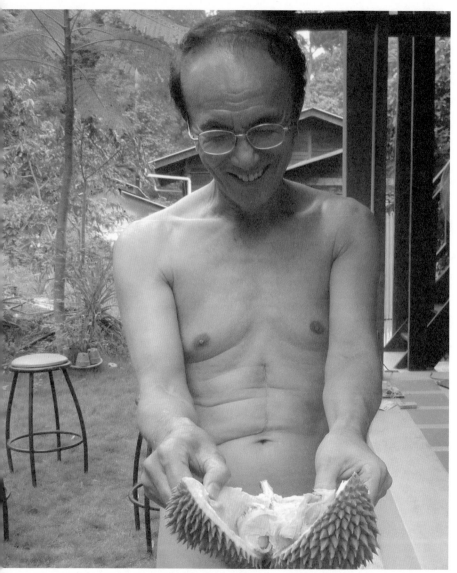

剝開當地名產—黃澄澄的水果之王榴槤，象徵熱情與生命力！

beach，船停靠好後，下水踩在沙岸的第一個感覺，沙質好細呵，細如女人的皮膚，白白粉粉，從未接觸過這麼粉細的沙灘，雖然沙灘不大，但遊出樹蔭，伴著小船，在鏡頭下構成浪漫神秘的氛圍和檳城的大沙灘又是另一種品味。

果然越玩，潮水漸退，五、六台相機，大家拿出來大拍特拍，連船老大也裸身和我們照相，看他玩得那麼盡興，這趟航程他是大開眼界了！

由於空間不是很大，大家都聚會在一起，玩的花樣反而更多，互相將沙抹在身上，沙質太漂亮了，和皮膚拍互映，顯得身體更為靈秀，印度朋友玩瘋了，他也被抹的一身沙，照片上顯得稚氣，他說「他已 66 歲，但今天去掉 60，他只有 6 歲了」，忘齡的沙灘狂野，玩興 High 翻天。大家玩起騎馬打仗的遊戲，彷彿回到童年的時光。

新加坡朋友也特別興奮，他從未和男女群體共同裸身玩過，和我們合照，或在水中擁抱，大家熱融融圍成圈圈，置身在群島大海之中，此等天體自然，綠影白沙，海擁沙抱，返璞歸真的景象，若非親臨其境無法體驗，此刻身心滿足，不想離去，若非船租時刻受限，還想浸泡更久，此一絕美沙灘，絕非台灣的任何海域可堪比擬。

天體，就是天然之體，和大自然融合，才是最高境界。

天體無國界

　　此次有 3 位外國人參與全部或部份行程，透過神奇的 Liya，透過泰國天體網站，召來了三位外國友人加入，彼此瞭解了各國天體的發展和活動型態，東南亞天體人以泰國為中心，而泰國天體其實是由老外召集，而非泰國本地人，經由說明，才深入瞭解到東南亞的天體模式。我們也發覺到台灣人以其地區的特色發展另一種天體的型態，每次聚會約 20 人上下，這一形態組織的推廣是東南亞各國所難望其項背的，而我們活動中男女的比例是 3 比 7 至 4 比 6，也比東南亞的女人更傾向於天體運動，男女共同參與是天體運動的活躍的基石，歐美如今邁入天體商業經營，也是女人醉心於天體生活之故吧。

　　這次最勇敢的印度朋友和 Liya 連繫後，義無反顧的加入，不問參與人數，不問男女比例，就相信「天體者最友善的信念」，而他也是此行收獲最多的外國人，和我們一起吃，一起住，一起天體，一起活動，年長至 66 歲大開眼界，彷彿回到 6 歲的童年。其次是來自馬來西亞的朋友，雖然拘謹，但在台灣人熱情開放的態度引導之下，放下身體融入大地，他熱愛天體，並辦有天體網站，相信學習台

灣經驗有助於他在馬西亞的天體發展。而新加坡朋友在最後一程才和我們會合，在蘭卡威沙灘見識了台灣天體人活動方式的魅力，他熱情於天體運動，彼此交換了各國天體的推動心得，也分享到台灣天體運動者這幾年突破現狀爭得來的成果，他躍躍欲試希望在年內和台灣天體人共用天體之樂。

這一次意外的加入三位國外人士，增添幾許活動中的異國色彩，若非 Liya 的背景和讀寫遊說的能力，是無法邀集促成此次圓滿交流的機會，也讓三位朋友見識台灣天體純真率性的本色，並也讓他們拋開傳統包袱，沈醉在大自然的懷抱中，享受難能可貴的天體之旅。

超完美的天體樂活之旅

這是一場超高難度的天體之旅，在台灣天體紀錄中是始無前例的，結織東南亞資深的天體人，此一行動將華人圈的天體人連結在一起，不僅將影響台灣天體發展也會影響東南亞天體生態的轉變，這成功的第一次接觸首先應歸功於 Liya 的合縱連橫，其次要感謝副團長和所有朋友撥開萬難共同參加，見證這次增長台灣天體視野的歷史之旅，尤其副團長兼任會計工作，將活動收支紀錄錙銖不差；還

有電腦高手，隨時瞭解地圖，天候及上傳照片回台，另外負責駕車的朋友，技巧也令人刮目相看。此行也有隨團醫師，不用擔心成員感冒生病，每個人都賦予責任。在語文方面，幾乎團員都可用外文和國外人士交談，消除隔閡，一下就交融成一體，除了天體的享受之外，也享盡馬來西亞美食，見識蘭卡威、檳城的美景，並為台灣天體界成功牽起一場國際天體的交流。

裸體之路
一前進大馬

莉
亞

臺灣旅遊東南亞的行程，大致上是定 5 天 4 夜，費用約 3 萬餘台幣。為了策劃 8 天至 9 天的行程，鎖定檳城及蘭卡威島嶼，原因是這兩個島嶼有不少可供天體的優美沙灘，而且兩島的距離不會太遠，約 2 個半至 3 個小時的航程。整個旅遊的預估開銷是每人不到 3 萬五千元台幣。行程共 11 人，7 名臺灣籍，2 位包括我是馬來西亞籍，另外兩位分別是新加坡和印度籍。

這趟旅遊的主軸是天體。檳島可供天體的沙灘有 Teluk Kampi, Teluk Ketapang Besar/Kecil, Teluk Kumbar 漁村，Pasir Panjang 和 Pantai Mas。 選中 Teluk Kampi 是因為它是檳城最長的沙灘及近乎人煙絕跡的優勢，雖然沙灘的一邊有一些工人正在興建度假屋，但絲毫不影響另一邊的海灘活動。此處的沙灘沒有受到污染，是檳島罕見的無污染的地點。另一個是 Pulau Songsong（宋宋島），由吉打州政府管轄，從檳島租船過去約 2 個小時的行程，後因船費租金昂貴（約台幣 6000 元）而取消。相當慶幸當初取消赴宋宋島，而改為爬 Ayer Itam Dam（亞伊淡水壩），因爬至山頂時下了一場豪雨。若在豪雨中赴宋宋島，不敢想像船會不會翻覆。

在不少的廉價航機中選擇 Air Asia（亞航）班機赴馬來

西亞，因為亞航除了價格便宜，還富有彈性且班次多。類似航空保險，餐飲，座位劃定等可讓乘客選擇是否要購買，這些可有可無的服務還會讓乘客省下不少錢。策劃搭乘 11 點 35 分夜晚的班機，除了較便宜，抵達吉隆坡是早上 4 點

找一處無人打擾的空間，和大自然對話。

馬來西亞 民宿

10分，從機場拿了行李出來，再次提行李進入國內航廈，剛好可搭乘早上7點15分至檳城的班機。臺北至吉隆坡及吉隆坡到檳城的班機銜接上，乘客較不會浪費時間在等待下一趟班機。到達檳城機場是8點10分。從吉隆坡出發至檳城，不到1小時的行程。這種航班的安排，可省下白天飛行的時間被消耗，而延長白日遊覽的時間。

馬來西亞 民宿

　　果園度假村處在隱秘性較高的果園內，不容易被外人發現而被優先考慮。當我之前以天體人的身份向民宿主人道明租借的目的時，民宿老闆毫不忌諱，反而友善的接待。7月份是榴槤和一些熱帶水果盛產的季節，剛好可滿足榴槤饕客的胃口。民宿主人亦是果園園主的

他爲天體族友們準備了各種當地出名的榴槤和熱帶水果，
如紅毛丹 Champulak（沾布拉）等。

當我們抵達果園民宿時，最早不超過早上 10 點，屆時，
會有早餐，午餐和水果的供應。果然，民宿老闆娘爲大家
準備了道地的客家菜肴和富有馬來風味的午餐，同時也提
供濃鬱的名種紅蝦榴槤及其它熱帶水果。爲了幫助族友們
的腸胃獲得良好操作，吃飽和大快朵頤各種水果之後，則
計劃下午 5 點從果園爬山上小雲頂吃泰式晚餐，然後，由
果園老闆安排載送行動不太方便的族友上山和所有人下山。
從果園爬山至小雲頂約 1 小時半的路途，沿路可看到不少
各種各樣的熱帶果樹園丘和山腳下的風景。

在果園住了一晚之後，搬進了 Straits Quay 海灣公寓，
它是以歐式建築爲格調，馬幣 350 元一間房，可入住 5 個
人，內附廚房，客廳和陽臺，較適合家族集會和居住。每
間套房皆採用不同的設計，令人有新鮮感。Straits Quay 的
4 樓設有游泳池，一大早醒來，可利用無人游泳的便利下水
裸泳。

Straits Quay 有一條寬敞的人行道，可直達 Gurney
Drive（葛尼道）。若黃昏時分與伴侶漫步於這條清幽的長

道，可促進彼此的親密感。它是一條可培養羅曼蒂克氣氛的情人道，而 Gurney Drive 是黃昏之後相當繁忙的購物小食天地，各種美味小食包括海鮮應有盡有。這是一趟安排的相當完美的景點，從臨近的美味路邊小食至公寓內附設的高尚餐館和臨海的優美格調居住環境，皆涵蓋在精緻的旅遊策劃內。

第二天是在 Flamingo Hotel 享用自助午餐，內設 180 種道地美食，年長者還可獲得半價折扣，僅付馬幣 14.50 即 145 台幣。這間酒店只在星期天供應自助午餐，因沒法通過網絡預定，只好拜託大馬好友幫忙預定。行程中也有安排至檳榔律購買土產和 batik（蠟染）衣服，這裡的土產和蠟染衣服價格公道，避免到其他的土產店被「濫殺」，這是一般導遊找額外收入的捷徑。

住在檳島的其中兩天裏，為了方便大夥兒的出入，租了兩部私家車供使用。

在檳島過了 4 天，7 月 3 日一早乘遊輪赴蘭卡威。為了方便天體族友們的出入和消費預支，就在蘭卡威的鬧市區租了有點馬來風味的 Desa Motel 汽車旅館，一晚僅是臺幣 600 餘元，房內皆具備酒店該有提供的基本設施，晚上還可步行至鬧市中心購物。Motel 的對面是新穎高尚的 fave hotel，兩天的早餐皆在 fave hotel 享用台幣 150 元的自助餐點。有些族友則一大早起床到對面酒店的泳池游泳。此安排眞是消費低廉，卻是高級享受。

旅遊蘭卡威必須出海才好玩，除了租船找尋無人島供族友裸游活動，還安排他們赴 Geopark 地質公園遊覽，間中穿插越過紅樹林觀賞和餵食老鷹，猴子和魚，及進入蝙蝠洞等。

蘭卡威之旅較理想是 4 天 3 夜，因時間安排有些緊密，只能做 3 天的遊覽，有些預設的行程會因天氣和非預期的技術性問題而會有彈性變動。

5 日搭乘下午 5 點 15 分的渡輪從蘭卡威至檳城已是晚上 8 點半， Straits Quay 的餐館吃完晚餐後，則準備第二天赴吉隆玻入住 Bukit Bintang 的酒店。Bukit Bintang 是一條街道的名稱，這條街道及鄰近街坊皆佈滿了各式酒店，有昂貴、廉價、商旅、汽車旅館、供背包客的宿舍等和各式飲食，眞是應有盡有。若非旺季，此處可不須預定住宿。下達 Bukit Bintang，大夥兒隨性地在鬧市找了一家印度檔口，吃了頓富有印度風味的餐點。

這趟天體之旅並不僅僅是天體，它還包括美食，去到哪兒就吃到哪兒，有高檔的餐館、也有路邊美味可口的小

（照片提供 / 莉亞）

食。另一種不同的體驗也包含與海外天體族友的交流。

　　今年的二月份，我透過網絡加入泰國天體成為會員，直接和間接的接觸了擁有豐富經驗的海外天體網友，同時獲得來自吉隆坡、新加坡和印度的朋友加入這趟行程。為了確定他們的參與意願，我請他們匯款和以機票為証。每人每天交台幣兩百元作為旅遊的行政費用。在與海外人士

一路上眾多天體族友的支持，是莉亞繼續前進的力量。

的交流中，發現了一些有趣的事。根據印度朋友的描述，老外喜愛靜靜地享受日光浴，較喜歡小團體閒聊，是屬於靜態的。而台灣天體族則像朋友般一起活動，個性較坦率，傾向動態型。

朋友說，泰國婦女一般上不會參加天體活動，她們皆屬於保守型。甚至一些在夜總會當眾表演脫衣走秀的職業女郎也不敢大大方方的走入天體。這是他發現的有趣現象。他認爲以泰國的情形相較臺灣的天體，泰國距離臺灣還很遙遠。泰國婦女會參加天體的，幾乎都是嫁給老外，由丈夫帶動才會進入天體營內。

大馬天體協會網站的年輕主持人比較謹愼，小心翼翼，他在馬來西亞是第一次接觸天體活動，感覺相當好。我希望這次邀約活動能打開他拘謹的心扉，令他更能夠迎向天體的朝陽，享受天體的自在和族友的熱情。

在吉隆坡我們會見了一名印裔天體人，他接觸了我們這批天體族友之後有感而發。他認爲臺灣天體人較友善，不分種族和階級。同樣是華人的馬來西亞人則有種族歧視的現象。

策劃這趟天體樂活之旅是我人生的第一次規劃。最先遇到的困難是天體族友之外的人士不停的「警告」和「規訓」，如「千萬不可在馬來西亞參加天體，被捉到你就完了。」、「你還想在教育界服務嗎？」等等；接著的困難是「馬來西亞有供天體的場地嗎？」；還有「馬來西亞的法律對天體的包容界限」等問題。

　　最終發現，這些都不是問題，端視你是否能夠勇敢地面對，妥善地處理和迴避以及夥伴們的包容，接納和瞭解。精神力量的支持和過後的回饋則是我勇往向前的動力。很慶幸彼此能夠把快樂和能量相互奉獻和分享，相信這趟別開生面的天體旅遊交流，會讓越來越多的海外天體人瞭解台灣天體，同時，吸引他們到來台灣做進一步的交流。期盼已成形的臺灣天體會帶動台灣的旅遊業朝向更蓬勃的發展。

自在的人體，彷彿花一般點綴大自然。

EE

我是一個「裸體行為藝術家」。

　　行為藝術家就行為藝術家，對於要不要加上「裸體」兩個字，我內心曾經抗拒、糾結過，但是張隆基會長的一句話點醒了我，他說，「不說『裸體』兩個字，誰鳥妳。」

　　是的，裸體行為藝術就是透過身體表達意念，表達想說的話，如此而已。而敢公開裸體表演的第一關，就是得認識自己、接受自己，所有好的、醜的、傻的、可笑的都可以被曝露，就把這項表演藝術當成是一種展現自我的方式。可以藉由這樣的方式了解自己，找到自己的定位。最終，放過以往的自己，邁向新的生命。

　　因為我的行為藝術有牽涉裸體部分，天體營也有裸體，這也是跟張隆基搭上線的原因，所以不管是我的行為藝術還是天體營，總歸一句話，裸體就是會被警察追著跑的一件事情，但是如果我們用藝術的角度來思考，「裸體藝術」讓我們的信念更堅定了！

天體族的身分認同是一項社會議題，不只是個人喜歡與否。

有次我們去墾丁，大家都享受解放，我覺得只有裸體沒意思，就做了一個很大的裸體身分證放在旁邊，希望可以藉由裸體身分證，拉近與同好的距離，我還推動將每年八月的最後一個星期日，訂為「台灣天體日」，但台灣天體日的訂定，至今仍是遙遙無期。

　　裸體合法，一直都是我努力的目標，事實上，我覺得裸體在體制衝撞的過程，就好像同志議題一樣，裸體、同志，經過幾十年在體制內的抗爭，同志有了成果，但裸體合法就沒那麼幸運，現在張隆基又走了，這事看起來就更坎坷。

　　我們在家不是常常脫光衣服走來走去嗎？裸體這件事情在密閉空間成立，開放空間就違法，如果是表演，還會特別標明「未滿 18 歲不得入場」，這真的太荒謬了，身體是我的，我可以自主決定要穿要脫，憑什麼要別人來定義我。

　　還有一次，我參加張隆基辦的天體營活動，地點在澎湖，是個無人島，我們全程都裸體享受大自然，我設計了一個「葬禮」的儀式，幾個人把我抬起來，衝出去，我要表達的感情是哀悼，哀悼裸體不合法的荒謬，所以有人拿著我的身分證，好像一個告別式，奔向海邊，就像海葬一

樣，這些表演在國外很常見，用舞台劇或百老匯型式來呈現，但是我們只能透過天體營。

　　裸體活動在台灣就和同志議題一樣，大家現在都會講多元成家，表示同志議題已獲得多數大眾的認可，我給他們拍拍手。同樣的，我也希望大眾能尊重裸體活動，張隆基推廣健康的性觀念，那我就是推廣裸體，其實我覺得大家不是怕裸體，大眾是覺得裸體等於性，一談到好像就是禁忌，跟張隆基不一樣的是，我拿身體做表演。

Jerry

我叫 Jerry，是一名 Tantra 譚崔靜心帶領者，以靜心輔以能量按摩的方式來達到覺察和療癒的目的，而課程中有部份靜心雙方都會以裸體的方式進行。因為整個過程事前有非常詳細的說明，也會循序漸進用非常溫和的方式探索裸體的制約，所以整個氛圍是讓人安心的，而因為會報名譚崔課程的個案，通常都是面臨了某些生命中的重大轉折，決心要改變既有的模式，因此帶著很大的覺悟，也多半了解靜心的內容和目的，所以對於裸體的部份並不會抗拒或懷疑。我也會在雙方都了解和同意課程內容的前提下讓個案簽署同意書，透過正式的諮商過程讓對方更清楚這是譚崔的身心療癒，以免和性服務混淆。

參加天體 只想曬太陽

至於我參加天體營的緣起，應該是幾年前，剛好在台東 long stay，有朋友在約，我想因為地點都在台東，很近，就當做是看朋友一樣，當天去去就回來了。

我渴望真正的交流，可以談心，談自己的想法。

這是我第一次參加天體營，也沒有什麼所謂的心理障礙，穿衣、脫衣，都是很自然的事情，在戶外脫衣服就更舒服阿，我在家有時穿有時不穿，要看天氣冷不冷，可不一定是大熱天才不穿衣服喔，其實大熱天全身汗反而會更不舒服耶，總之，就是看狀況啦。

到了天體營，我喜歡在那邊曬太陽、看書，我有隨身帶書的習慣，什麼型態的書我都看，唯獨投資理財跟心理勵志類不看，其他範圍都看，我很喜歡廣泛閱讀，我家有三、四千本書，書櫃滿滿的好幾層都是書。

所以，依我的個性，我不喜歡天體營內辦一堆活動，像是要拍照排隊型，你不覺得這很八股嗎，一個帶著解放意圖的活動卻採取守舊的形式，其實存在著內在矛盾。我認為側拍 OK，排隊型，哇，這太刻意了吧，包含晚上還來個座談，我想說何必呢，我記得那晚有兩個與談人，不管談什麼議題，反而是讓人感覺辦活動的人缺乏信心，好像是要刻意辦得有點學術，導正人家不三不四的想法，我的解讀啦，大家無所事事的脫衣服發呆放空不是也很好嗎？

還有在天體營時烤肉，那就更怪了，一群人裸體烤肉，我老是在想，木炭火星冒出來會不會燒到身上，哈哈，腦海不自覺浮現漫畫般的畫面，但是其實我在現場都會不自

覺的 OS，難道沒有其他活動可做了嗎？

　　有人問我去天體營會不會去看女生的身材，那不是我追尋的東西，反倒是我比較欣賞那些不符合大眾審美觀的身體，那些皺紋、斑點，反而是讓我覺得美的東西，是真正自然的、有故事的。而一般人也以為去天體可以多 P，這真是扯太遠了，要多 P 幹嘛不去多 P 趴就好了。

　　我幻想的是裸體開帆船，這就是我很想要做的事情，我覺得在海上裸體很適合耶，在山上就不太適合，如果時機成熟，我想自己辦個天體營，就是約熟悉親近的朋友，自己辦一個小小的私密天體營活動，不然找陌生人還要重新認識一遍，我本來就不擅長社交，自我介紹那種推展人脈的關係，我很討厭講那種應酬場面話，我渴望真正的交流，可以談心，談自己的想法，這是我參加天體活動的初衷。

Joanna

鈴~~ 鈴~~，電話鈴聲響。

「喂，請問找哪位？」7 歲小男孩問。

「你阿嬤在嗎？」對方問。

「我阿嬤去參加天體營了，後天才回來。」小男孩回答。

* * * * * * * * * * * * * * * * * * *

哈，哈，哈，這個小男孩就是我的孫子，我叫 Joanna，今年 63 歲，是退休的老師，我們家很開明的，南部天氣熱，如果孩子想在家脫光光是 OK 的，我嘛，我就去參加天體營，讓自己身心靈徹底的解放。

其實我在大學時就讀過嬉皮文化，像六○、七○年代的自然主義，像胡士托 (Woodstock) 那樣的音樂文化祭，我就滿崇尚的，還有人類學，想想原始的民族，他們不是都不穿衣服嗎？我家裡有一整套關於人類學的書籍，因為我很喜歡人類學，從中了解各個不同族群文化、歷史的意涵。我印象中有一個少數民族的部落，部落男生是用挖空的牛

角套住陰莖，女生的陰部則用樹葉遮住，身體其他部位都是裸露的。人類學記載著很多散居世界各地，但卻名不見經傳的地方，住著少數民族，或是還沒被發現的原始民族，他們都是光著身體到處跑的。

我曾聽過阮芳賦教授的演講，他說，有某些原始部落的少女，初夜是要獻給酋長的，這在當今聽來覺得非常不可思議吧，如果從人類學、文化文獻的思辨中來探討，其實我們所認知的性規範，只是全世界諸多多元性規範的其中一種，包含要不要穿衣服，什麼時候穿衣服，女性該怎麼穿，種種的規範限制著我們的思維，而對於這些規範的辯證，我現在認真回想起來，好像從大學時期，我就對社會給女性種種意識型態的框架很有意見了。

退休後 在天體營解放思潮及身體

但在學校當老師，要能自在的天體，畢竟是顧忌比較多，所以我是在退休後，才慢慢上網了解天體的團體。也算是機緣吧，我才同學會上碰到一位好久不見的初中同學，她說她在念性學，又跟我說另一位同學也有某個天體團體當志工，咦！我真的很驚訝又興奮，原來我還有同好啊，日後她們有天體活動，打電話給我，我就參加了。

事實上，我從詢問、潛水了解這個社團，到付出行動參加，已經過了三年才真正第一次踏進天體營。因為我考慮到我有氣喘毛病，發作起來連睡覺都不行，要噴藥吃藥打針，我怕光溜溜會不會誘發氣喘，我第一次進去，遇到五、六十歲的菊花姐，她說她也有氣喘，有時候四月天氣她還要包得緊緊的，是她給了我很大的信心，我就覺得我也可以。

還有人說去那邊可穿可脫，這就是我

最放心的，我們天體家族眞是超級自在的一個團體。進去不會特別想要去看男生，或是 care 男生的眼光，有沒有在看我之類，我去就是在玩我的。

其實去參加天體營思考的不是脫不脫衣服，而是你自不自在，這是新一給我的答案。因爲我氣喘的毛病，只要到戶外去，大口呼吸、感受那種自由自在的氣氛，氣喘竟然不藥而癒，對我來說，這就夠了。而我們這一群天體同好，我都好喜歡，大家都很單純，想法也都一致，就是要來放鬆的，所以我很喜歡跟這群人在一起，就算三個月約一次、我也 OK，我們這群人有個不用明說的分際，出了活動，私下也不太約，因爲我有其他的朋友圈，唱卡拉 OK、旅遊等等，朋友都不一樣。

有人曾問我，會不會找其他朋友也去天體一下，我不勉強的，天底下所有的問題，都只能回到自己身上找答案，不是嗎？像我的諮商師是男的，他很坦白的跟我說，是雙性戀，他在床上男女通吃，做愛從不脫衣服，爲什麼？因爲他害怕身上刀疤被看見，那是他年輕時混流氓的印記，所以，他覺得我能夠在別人面前把衣服脫掉是非常勇敢的事。

從他身上我就知道，每個人內心深處都有不敢面對的事，像參加天體，有的人會擔心身材，我也知道我老了，

也會下垂，身材變差，但那又怎樣？自己開心就好了，我以前也是肉胖身材，退休後一直有在運動，慢慢瘦下來，有運動心境也跟著放鬆，我除了運動之外還去醫美埋線耶，不過這跟參加天體完全沒關係，只是想要自己健美一些，我退休前大概是 72kg 左右，現在維持在 62-64kg 左右，也不是忽然驟降，減重是很緩慢的過程，我很滿意現在狀態，真沒想到生命走到後面，還有改進跟改變，不管是體態的改進，心態的改變，都帶來的自信和快樂。

談談我心目中的張隆基會長

我有一個好朋友丹丹，我們都看的出來，她很仰慕張隆基會長，丹丹說，她覺得會長是一個能夠讀懂她心思的男人。我們都覺得會長真是一個讓很多女性仰慕的男人，但是他的界線非常清楚，是真人君子。

我記得自己第一次參加天體營時，在現場就常常聽到有人在談會長怎樣那樣的，大家一直問他什麼時候來，好像在等一個大人物現身一樣，我就好想看這位會長長的是圓還是扁。但是那天他因為公務忙，遲到了，都天黑了才出現，他因為公務忙，比大家晚了兩、三個鐘頭才來，都要吃晚餐了，遠遠看到他開那台橘紅色的車子來，我一直

對那一幕印象深刻。

他那台車真的很經典，出去玩都他開車載我們，男男女女，他是完全沒有架子，包容性大的人。參加天體營認識以後，他經過農十六，我住家附近，三不五時還會打手機給我說，「Joanna 妳有沒有空，我們出來 7-11 喝個咖啡。」

我是個很拘謹的人，張隆基會長在和我喝咖啡時，都是很自然的天南地北的聊，讓我覺得很放鬆。有時候他會拿出包包裡的隨身碟，裡面有的是天體營活動的影片。讓我很快的了解我們這個團體的成員、活動型態和活動情境等。建立了我對這天體團體的信任。

張會長是台灣天體活動發展史上獨一無二的開創前輩。非常勇敢而有擔當的帶領著大家，希望能在台灣建立一個健康的、有國際觀的天體團體和天體文化。他數度帶領團員到日本、馬來西亞等國參加國際天體年會。也在每次活動中介紹各國天體資訊。

他是個相當有知名度的企業家，參與很多社團，都非常受敬重。卻甘冒不諱，以西裝革履，溫文儒雅的形象，上了好幾個電視節目，幽默風趣的介紹天體活動。張會長不僅散發他陽光般的溫暖，帶領大家解放身心，也開拓天

體人的視野和胸襟。

參加天體營全家支持

我們全家都知道我參加天體，我要去參加，去哪裡，去幾天也都會跟家人一五一十的報告，我把天體營暱稱為「光光幫」，當我說，「我要去跟光光幫聚會」，或是我跟「光光幫」怎樣怎樣，他們就懂了，這是我們的通關密語。

回想我第一次參加天體營時，其實是瞞著家人的，這可不是我故意不說，實在是因為我才第一次去，不知道該怎麼啟齒，但參加之後，我就放心大膽的跟家人分享了。我兒子是不會給我什麼回應啦，他就是聆聽，我覺得「尊重」是我們家很重要的家風，這是互動及互信的基礎。

前陣子我在家裡喊，「好熱，好想在家天體喔」，我兒子某天下班回來熱得半死，把全身衣服脫光光，只穿四角褲，他就說：「媽，我知道你的感受了」。其實我以前很「閉俗」的，在家還要穿胸罩耶，去了天體營以後在家都不穿了，多輕鬆。

家裡的人也被我漸漸影響，解放身體，只是男生還是穿著內褲，女生可以穿露肩露背上衣，可穿超短短褲。媳婦說：「嫁過來之前媽媽仔細交代，家裡有公公和小叔，

穿衣服要謹慎一點。要是媽媽知道她穿這麼清涼，還可以跟婆婆談天體，大概會昏倒。」

我孫女就用很羨慕口氣說，為什麼男生都可以只穿內褲？好好喔，我也想。我小孫子也說好想學爸爸。我家現在都大解放，今年夏天我那個小男孫也在家穿一條四角褲，前幾天我以為家裡沒人，洗完澡沒穿衣服就跑出來，結果正面撞見我媳婦跟兩個孫子，他們剛好要去上學，結果大家都很自然若無其事，還跟我聊天說，阿嬤我今天睡過頭了，我也是很自然地邊穿衣服邊跟他們聊天。

這就是我的天體生活。

Michael 夫妻

我從年少輕狂時,在大自然解放的想放就在心中萌芽了,台南人都是衣冠楚楚、正襟危坐的,我覺得那有一些虛假,真正的回歸自然就是把那虛假的一面全部 掉,所以我只要有機會,在家都是脫光衣服走來走去的,現在結婚有四個小孩,偶爾小孩不在家,我就趕緊脫衣服跟大自然接觸。

我一直都知道國外有合法的天體營、天體海灘,大約12 年前,我上網發現台灣還真的有天體營,於是就報名參加,太太受我影響,慢慢也跟著我去,我們最初是參加別的團體,那時候比較沒什麼啦,就是搭個貨櫃屋,外面罩個黑網,圍成一個空間,談不上什麼設施,可能旁邊就是個芒果園,頂多飛機或是滑翔翼從空中劃過。

那時候也沒什麼概念,人家手拿相機也不顧我們全身光溜溜,鏡頭一對準就拍拍拍,都有證據存底啦,呵呵,

其實我老婆不喜歡被「建檔」，她一開始也會披著圍巾，或包浴巾，慢慢才敢放開，後來有了同好，聊天很投緣的對象，就不會去在意那麼多了。

我去過三遍，大概都十幾個人一場的規模，有時候晚上會有幾對夫妻檔相約小溪邊泡腳，一邊泡著冰涼溪水一邊聊天，加上看星星月亮，感覺很好。其實參加天體營的人都是喜愛那擁抱大自然的愉悅感，才不會覺得猥褻。當然人性都喜歡欣賞身材好的，我也是，可是慢慢我會想我的目的是要解放自己，就不在意自己跟別人的身材，也不會想到性。

夫妻一起參加天體營，感情真的會更親密，畢竟結婚30幾年了，再怎麼乾柴烈火也有燃盡的時候，相處久了都會平淡，所以參加天體是我們共同興趣，那真的像是和老婆再談一次戀愛的悸動。

像我們兩個人在家沒穿衣服走來走去感到很自在，女兒在家我老婆也這樣，兒子是等到國中他才比較迴避，我大女兒跟小女兒在高中前，我洗澡時，她們也會走進來拿牙刷毛巾什麼的，看到我裸體都沒什麼忌諱的。

不過，雖然夫妻倆都參加天體，但我們沒有跟孩子們說，所以孩子都不知道，他們都大了在外工作，我不知道

他們會不會覺得「爸媽為什麼如此開放呢？」也許告訴孩子後，他們很支持，但我覺得這是我們夫妻倆的人生，沒必要跟孩子們說，還有一個秘密，我也很喜歡跳國標舞，還有 FB 跟同好分享，這些，孩子也都不知道。

我有一個願望，想要自己弄個天體農場。

幾年前，在一個機緣下，和朋友持分了一塊農地，現在種了黃金果，這是來自巴西的水果，膠質很多喔，沒噴農藥的，我跟我朋友拿種子自己種，有機定義很嚴格喔，我這個保證農藥零檢出，我都自己一個人，兩天去一次田地，花 85% 時間檢查果樹、噴肥，晚上金龜子來可是會把果實吃掉的。

還種了一些桂花，因為桂花不會落葉，長起來很茂密，我種來當圍籬，讓鄰居看不到我們在幹嘛。其實不是我怕他們看，而是怕他們看到受驚嚇。所以會避開假日，因為那塊田地的左鄰右舍都會在，人多不方便，我認為辦在自己的空間，不至於會有事情，如果有存心不良的人想來搞破壞，那可是他們侵犯到我的隱私，因為我種的樹林都有一定高度，這些法律問題我都有通盤思考過。

蘋果日報曾經來採訪過我，在文章最後一段寫得很好，「有空我常一個人在田裡工作，晚上工作結束，就戴個頭

燈、穿雨鞋，裸體在自己的果園走一走，看看那些樹，非常舒暢。到秋天不會冷，又少下雨，每月15、16，月光很亮，非常漂亮。有人夢想只當夢想，我是喜歡就去執行，因人生很短。」

　　真的，有夢就去圓夢吧。

小郭

　　我很早就參加天體營耶，大概民國 90 年，那時候參加 KID，一些天體人應該都知道吧。

　　為什麼會跑去天體呢，這就說來話長了，其實我是去治病的，妙的是，天體後，我的病就不藥而癒了。

　　這個宿疾就是我的頭痛。

　　我在學生時期，尤其高中時候，時常頭痛而且痛得厲害，但是我盡量不靠藥物控制很少吃藥，一周至少一次，進入職場後，上班日不頭病，但每到六、日頭病就發作，那是痛到只想躺床上，完全不能做事情，原因不明，也沒去檢查。

　　拖到民國 90 年，我那時是銀行經理，負責企業授信，企業要融資的所有案子都會送到我這裡來核貸，超過權限就再上呈到董事長那裡。有次，有個做當鋪的客戶要借款，當然我要到客戶那裡去訪視。

　　拜訪當天，我印象最深刻的是他家的窗簾好厚一層，感覺空間陰陰暗暗的，整個大客廳只有老闆一個人在，我

帶著三個人去，經理以外，還要有承辦課長、跟經辦，經理當然就是我，一陣寒暄後，開始談事情，講完正事就開始聊天，我跟他聊到我工作壓力大到頭痛的事情，當時，這位當鋪老闆沒有說什麼，所以我訪視後就走了，這 case 後來有核准，3 千萬以下是我的權限，就順利貸款，後來他

浪潮洶湧，我心恬靜。

拿著我名片打來公司找我，除了謝謝我以外，還跟我說我頭痛的事情。

他先說他家的成員，有太太，兩個女兒和一個兒子，那天我帶同事去訪視他時，我們聊個一個多小時妻小都沒有出來，原來他們都在房間裡面，我問他為什麼？他說因為他們在家都是不穿衣服的，老闆事先還有問他們，等下銀行的人會來，你們是要穿上衣服呢？還是不穿衣服關在房間？老婆小孩都說，寧願關在房間，老闆就說，所以他們家窗簾密不透光是這樣的。

當舖老闆還說，他們每次去美國都會參加天體營，每次去參加兩天一夜的天體活動，一回房間卸下行李，大家就把衣服都脫個精光，他跟我說，他覺得我的頭痛來自壓力，他說：「你六、日放假不是真的放鬆，你需要真正的放鬆。」

他建議我去參加天體營，美國他很熟，但台灣的他從沒參加過，但有聽朋友說過台灣也有天體團體，他認為我可以先上網找看看，只要是很單純的天體團體都可以去試試。

什麼？參加天體把全身脫光光可以治我的頭痛，那還等什麼？

我回家就把這位老闆和我的對話內容跟我太太說，我

太太聽完那個當鋪老闆的建議就說：

「你可以試試看，先在家裡天體啊。」

「家裡都有小孩，怎麼可能？」我說。

但我還是晚上睡覺在房間試試，從那時起，我都一直保持裸睡習慣，但去大陸我就不敢裸睡，因為聽說他們床單都沒在換的，基於衛生問題我非得穿衣服睡覺，現在變成穿衣服睡覺還睡不著勒。

後來我就上網找天體的團體，二話不說就報名。我在活動時就是一個人坐在樹蔭下，聽收音機，看書，就是做自己想做的事情，我因為頭痛因素才來天體，所以我只想放鬆而已，其他都不要找我。

當我一進入活動那時的果園，所有人都沒有穿衣服，有人推割草機開始除草，因為他們一周才去一次，順便整理，裡面有水果、餐點、飲料點心都有，大家都是一派輕鬆，一面吃一面做事情，兩天一夜的活動，我就很自然地融入。

後來，也是朋友介紹，我才認識了張隆基的天體團體，那是在張隆基他們台東新聞話題的後 2 年吧，張隆基在鹽埕區的咖啡廳辦個見個面，趁著咖啡廳下午休息時間，在那裡辦天體活動，那時候依依在搞遊戲，我那時候很不以為然，想說幹嘛要玩遊戲呢，天體營就是自然相處就好，

為何要刻意渲染「脫衣服」這件事情呢？

那次好像是四個女生八個男生，依依又發號施令，叫男生倒一杯飲料給感覺不錯的女生，結果有個女生叫小羅，她桌上滿滿杯子，依依一杯都沒有，我的杯子我自己拿手上，我也不想給依依，只想當個旁觀者。

因為參加 K 團都要收費很高，我覺得不合理，所以就淡出了，轉而參加張隆基的天體營，我從民國 90 年陸續參加天體營到現在，也退休了，頭痛的毛病也好了，真的不誇張，參加天體營，竟然可以讓我的頭痛不藥而癒。

張隆基以前是三個月辦一次，交給新一變成一個月一次，新一主辦，即便是新一接手主辦，張隆基還是會熱情的打手機來邀約我說，一定要去喔，還提醒我要帶相機，因為他知道我不喜歡玩遊戲，那就拍照吧。

結果最後幾乎所有的拍攝工作都是張隆基在負責，因為裡面成員我幾乎都不認識，我一去可能把相機放桌上，張隆基就會接過去啪啪啪一直拍。尤其張隆基又很熱情，會吆喝大家來照相，但是正面沒幾張啦，他喜歡照不是正面的意象構圖，都是側拍記錄那樣。為每次的珍貴活動留下紀錄。

張隆基真是個熱情的人，雖然他大我 3 歲，我們可以

像哥兒們般，但我是打從心裡尊敬他，他參加過國外的天體營，一心一意想把國外純粹的天體營帶進台灣，或許他也有可能跟台東縣政府爭取一塊海灘，推廣天體營的健康正確觀念，這個是全世界天體主流，是全家的家庭活動，不分年齡，張會長覺得很可惜台灣的觀念還不到這裡，所以更加不遺餘力的推廣健康的天體活動。

那時候他在草堂跌倒，我和新一就覺得，他可能撐不過半年，大家心裡都有數，遲早要面對他的離開，11月還在講，他隔年3月就過世了，其實他生病以來的情況我都知道，他也知道我一直都在念他不專心養病的事情。

我退休後有在研究八字，去上課的時候我有請老師看看張隆基的八字，因為詢問不用錢，老師就說，這個人十年前就已經有癌症，我說沒錯，老師預測這個人的命就是過年後，我那時候沒有問老師是農曆年還是新年，聽完直覺反應，還有一年嘛，結果是舊曆年後。

我覺得太可惜了，真的，我跟我太太常講他過世的真早，如果他再撐個十年，台灣的天體活動絕對是和世界的水準齊平的。

小羅

發呆 147 之旅

發呆 147，是民宿的名字，我把它解讀成發呆 147 秒、發呆 147 分鐘、發呆 147 小時、發呆 147 天、發呆 147 個月、發呆……在那一片天、海、地連成一氣的天堂樂園。

10 幾年前住在台北，燠熱的夏日時節，我會在家人不在家的時候，關上門窗，拉上窗簾，打開冷氣，卸下衣物，享受一下光溜溜的清涼，身無長物的輕鬆快感，為我種下了愛上裸體的種子。

10 幾年後因緣際會，開始一個人的生活，我又有機會在家裡拉上窗簾，打開電扇，用另外一種輕鬆清涼的心情，打發高雄漫長炎熱的夏天。

裸體的經驗在此之前，也僅止於一個人在家裡頭的活動。

2006 年的天體活動，有兩位好友在參加過後大加讚賞，

隨後看過媒體報導與文章分享，著實讓我好生羨慕，也渴望能有機會參加。

我嚮往的，其實是漫步在天體沙灘上的遼闊感覺⋯⋯

以為天體活動也就只有那一次，直到好友邀約，活動將再度舉辦，我又忍不住心動了。老實說，即便在成行的前兩天還猶豫著天候不好，天氣太冷，我要光著身子在外面打哆嗦嗎？可是，心又想著這機會難得阿⋯⋯

老天爺賞臉，終於停了雨，讓我們安心上路。

好興奮哪！我終於可以光著身子在大自然裡頭蹓躂啦，不用只是在腦袋瓜子裡頭憑空幻想著。雖然還帶著點忐忑不安，因為，好多陌生人呐，第一次見面就要裸裎相見？該佩服自己冒險患難的精神嗎？然而，大自然的呼喚近在眼前，熱情的渴望多少沖淡了害怕的心情。

活動的地點果然讓人驚艷，第一眼就深深地愛上了。

雨後碧綠如茵的大草原，青蔥大樹下的海景瞭望石，我將赤裸的身軀舖躺在上面，把自己躺成了大自然的一部分，我不知道那有多美，我只知道自己的心靈好滿足好滿足⋯⋯。

安排的課程很精彩、餐點很可口、床舖很鬆軟、空氣很乾淨、人很 nice，心情很⋯⋯發呆 147。最迷人的還是門

保持平衡，不是努力、用力地撐著，而是打從個人內在的放鬆，以及人與人之間的默契。

在潮起潮落的陪伴下，沐浴於陽光下。

外那一片天海地的美景啦，我此時不在天堂，又在哪裡呢？

（夢裡也微笑）

　　雖說天體活動不免讓人與性活動做聯想，表面上，天體追求的是身體的解放，也許有人會把身體的解放引申為性的解放，對我來說，天體無疑的更是一種在心靈上對大自然的敞開，因為個人有許多美好的生命經驗，都發生在與大自然在一起的時候，那種與大自然之間的情感聯繫，讓我深深著迷。至於性，對我來說，它比較是一種自然的發生，而不是刻意的安排，它有一個醞釀的過程，或長或短的，一旦水到渠成，就一點也不勉強，也不至於猶豫，那與是否在天體的狀態其實無關。

　　我最喜歡的活動，是主持人一聲令下，讓女士們去擁抱在場的每一位男士，我覺得與異性之間的擁抱，是去除男女之間自伊甸園之後男女授受不親的制約障礙最容易也最有效的方法，穿著衣服時如此，光了身子就更讚了（偷笑），有的男性身體透露著霸氣的能量，有的透露著害羞的能量，有的是渴望的能量，有的是放鬆的能量，也有的是含蓄的能量，愉悅的能量……，無論是哪一種能量，在擁抱過之後，就有一種流動在彼此之間發生，細緻的人也許感受得到彼此的身體所傳達的訊息，所謂陰陽調和，透

過能量的互相傳遞，就彼此互相滋養了。

　　我依然嚮往走在綿綿天體沙灘上的浪漫感覺，我相信我會有機會去實現我的夢想，就像這次一樣。

蘊藏意識。

崔妮

我曾當過人體模特兒 3 年，很習慣裸體示人，但那是工作，並沒有被慾望投射；參加天體營是 2009 年，透過朋友的介紹，可是天體營裡面，雖然我容許慾望投射的存在，但是，很可惜，沒有人「慾望投射」在我身上，如果我有被盯著看，心裡多少會覺得虛榮吧。

我對天體的印象就是大家在天體海灘曬太陽的姿態，那是一種想像啦。真正感受到天體營的威力，是在 2007 年天體營的新聞話題，從新聞描述天體營，好像很不堪，比如性按摩啦、男女同住等等，報章上諸多的報導角度讓我產生疑問，在我認知裡面，天體活動就是自由參加現場各種活動，但是我不理解的是為什麼這個天體營有講座，還規定都要參加的，最重要的，就是安排性按摩到底妥不妥當。

站在推廣性學立場好像性按摩很合理，但是諸多疑問，我認為還是要和主辦者張隆基大哥當面請教才會有答案，後來認識張隆基之後，我並沒有一開始就直接切入我心裡

的疑問好奇，而是從旁觀察，我看到主辦者的熱情與積極，以及參與者的正向心態，漸漸能理解為什麼張隆基積極導入講座，因為張大哥就是一個正面而且積極推廣性學的推動者。

後來跟張大哥比較熟了以後，愈來愈能體會他的心情與想法，張大哥的活動就很單純，不是讓人家來「意淫」的啦。

回想第一次的天體營活動，還真的有點「狼狽」耶，總共開了2、3台車，到墾丁一個無人的海灘，通過一條小徑，張大哥還派了幾個人在外面有把風，然後大家快衝到海灘脫光光，那是一個初秋的午後，我們一夥人在海灘上玩個一兩小時就閃人。

我說是狼狽是指匆匆去，匆匆走，才剛感受到皮膚被海風吹拂的美妙，聽著海浪拍打海面的自然聲音，就被趕著要離開了，這是不是很煞風景，張隆基大哥是把大家的安全放在第一位，畢竟嘛，這是在公路旁的海灘，不免還是有風險。

我總共參加了張大哥主辦的天體營活動五、六次，都是一個人去，去再認識朋友，能聊得來的就聊，不然就一個人晃來晃去，躺在海邊聽浪濤聲。如果能一個人安安靜

靜的獨處，肚子餓了，就跟大夥一起用餐，其餘時間都是我自己安排，那不知道有多好。

　　超級不喜歡參加天體營還來個講座的，因為大家得正襟危坐的聆聽，當聽眾就不喜歡了，竟然有一次還安排我來當講師，那次主題是人體模特兒，我覺得這講座不是很理想，主題太小眾，不太引起共鳴，活動後也沒什麼發問互動，講完下台後，張大哥還另外安排一個人講「譚崔」經驗，當主講人上台講時，我因為對主題沒興趣就先離開了。

　　我覺得我很幸運認識張大哥，參與他規劃的一些事情，在生命中一起經歷一段過程。

　　比如參加了這個團體，對台灣來說，這是一個指標性的團體，比如之前為了方剛要出一個裸體主義的書，我們還策劃一些天體攝影，雖然最後無法實現，但是這麼多人一起為了目標而努力，那感覺很棒，這是我滿特別的人生經歷。

　　剛好那陣子我有空閒跟心力，去參與一件不用考慮賺錢啦，生活物質啦這些事情，自己可以全心投入，也不是為了「有意義」，嘗試接觸陌生的人事物，也是好玩。

　　比較清楚我參加天體營的只有我媽，其他人知情的程

遠眺

度不一定，不會特別講。我在家裡會裸體喔，洗完澡後裸體走出浴室，把頭髮吹乾再穿衣服，因為我是敏感體質，貓毛沾上我皮膚會過敏，所以我睡覺只能穿衣服，不然我是滿想在家不穿的。我甚至還會裸體在陽台曬衣服，裸體是因為隔壁鄰居看不到，陽台不能裸體曬日光浴，因為太小了，只能曬衣服而已。戶外的裸體終究和在家的裸體是完全不同的感覺。

YT

我95 年認識張隆基會長，開啓了天體機緣。

張大哥可能看我有潛藏的天體因子吧，會帶我去四重溪泡裸湯，算是天體活動前的訓練，學習讓自己身體解放，裸湯感覺還不錯，其實小時候我就常被我爸帶去金山泡馬槽溫泉，那個是大眾池的裸湯，小時候還滿習慣，早上都有中年人去泡，是我對溫泉最早記憶。但是我坦誠，剛和張會長一起泡湯還眞不自在，我身材可是輸他一大截耶，後來才漸漸體會天體族不論年齡、身材、美醜。

後來就去參加眞正的天體營了，心情就像是你在牛棚練球練了那麼久，終於可以登板了的興奮感。地點是在南投的五里坡，算是民宿包場，垂直在山上，是個高海拔地區，那場應該有十幾人參加喔，有一對醫生夫婦，但是太太好像沒脫，好像有圍圍巾吧，只有醫生全裸。

第一次去天體營滿新鮮的，但是叫我去第二次，就沒太大興趣了。

可能場地跟成員也有關係吧，覺得都不熟，然後走到

哪都是人，可能空間也有影響吧，覺得沒有很自由自在，我認為天體的空間一定要很寬廣，參加者十來人就好，不要太多，才不會有壓迫感，可以自然互動。

可能多參加幾次，跟成員熟悉一點比較好，還有就是活動不要太滿，其實靜靜地就很好，我希望跟自然相處時間多一點，我不想要特地去跟人相處，天體營對我而言有點像修行，不是不能開口說話，可能第一次辦，我那時候也不太懂性學什麼，人家約我什麼我都去啊，什麼同志大遊行啊，四重溪裸湯啊，還有天體營也一起去。

不過我們拍照後我有跟一個女生身體貼身體，可是在那種氛圍之下，也沒什麼特別反應，至於我嘛，因為是第一次去，心裡很緊張啊，小弟弟就一直縮著，因為男生緊張，陰莖會縮小小，哈哈。

那天晚上，張大哥有播放參加加拿大溫哥華 Wreck beach 裸體海灘的影片給大家看，他說想把國外天體活動的自然主義帶進台灣，而五里坡那一次，就是在國內第一次辦，可能是首次，氣氛沒有很熱絡，因為大家還沒有很熟悉。

我會參加完全是因為張大哥熱情邀請，什麼活動都滿想嘗試，我還參加過裸體劇場，後來想起覺得不可思議，

我怎麼有勇氣表演，台上只有我跟 EE 兩個人而已耶。

當天的活動很多，先是全部都脫光光的參加者，一股腦兒衝上山放煙火，節目好像有事先設計過，所以大家都知道要幹嘛，這活動我就很喜歡。

第一次去的時候，一直不敢先脫衣服，等烤完肉以後，張大哥就說，烤完十點多差不多可以脫了吧，然後就整齊的一起脫光光，然後張大哥就一一的讓大家自我介紹。

那時是秋天，可能緊張，不覺得山上晚上會冷，總之就是緊張到小弟弟一直縮著，覺得很糗，自己覺得多脫幾次就會自然一點。

我平常在家睡覺只穿一條內褲，全裸不至於，家裡還有其他人哩，家人不知道我去參加天體營，以前我是有想過要跟我爸講啦，可是隔很久，也就冷掉了，我唸研究所一個人在南部，天高皇帝遠他們管不到我啊，但是回北部可能我就不會參加，因為家人保守，不太能接受這麼開放觀念，什麼裸體、性，怎麼可能跟家人提。

我去天體營不是去社交，也沒特別積極去認識別人，又不是獅子會什麼想要認識名流，就是乖乖配合大會活動，人家安排什麼我就參加什麼，但是活動滿緊湊就是，沒什麼機會去大自然發呆，好可惜。

我的天體第一次是張會長帶領，我對他一直心存感激，現在在天上可以天天都脫光光，希望他在天上的天體活動，也能很愉快，也謝謝他帶領我加入活動，讓我有不同的新體驗，也啟蒙我後來對性學的多樣化觀點，像是裸體觀念，有實際感受是最直接的。至於天體營，革命尚未成功，同志仍須努力，等時機成熟，有好的機會就會自然而然發生。

Victor

讀 大學時，曾有同學拿國外天體雜誌跟大家分享，我看了之後，非常嚮往，對於天體和大自然融合的理念頗認同，當時的天體活動有埋了種子在我心中，便四處打聽看看台灣是否有天體活動，最後是透過網路認識一位參加過天體活動的朋友，經由他的介紹，我才得以進入台灣天體活動。

那是 2008 年吧，第一次真正得以踏進天體營，心情難免緊張，因為對台灣天體活動完全不了解，所以心中會先有一些想像，譬如海風吹在身上的感覺啦、曬日光浴的感受啦，之類的，就自己會先以國外天體沙灘的夢幻情境來想像。

從 2008 年到 2013 年，我參加過幾次天體活動，都是朋友邀約的，這幾次的經驗，就是去海邊天體的經驗，第一次以天體的狀態去感受海浪，在戶外天體的感受非常棒，因為全身感官直接體驗自然環境，無衣物阻隔，甚至到戶外烤肉、吃午餐，泡溫泉的，都是很棒的體驗。

迎接陽光的悸動

　　在天體營，自己裸體是一項突破，而雙眼看見裸體者在眼前走來走去，更是一項突破，我是不會特別去看別人的性徵，對於裸體也都很尊重，大家一絲不掛的在一起，都是尋求自己個別的，或者是尋找身體與自然之間的答案。

　　能有機會認識天體，我感到非常開心，因為第一次知道人類可以以天體生活。自己親身實踐天體生活後，覺得對於身心靈是一大進步，更加接受與認識自己的身體，對於他人的裸體也能以坦然的態度面對，不會像以前在著衣社會的思維中，認為裸體是令人羞愧的。整體而言，我參加天體活動後，對於自己的身心靈感到更合一。

圓融，你我之間沒有分別。

普普

打從在讀國中時期吧，我就習慣在家裸體，但只有零零星星的裸體享受，而且總是有那麼一點被盯哨的不自在感。後來，當兵時，網際網路風起雲湧，也 PO 著各式各樣的天體資訊，我看著，也心嚮往著。

話說九二一大地震那年起，我就一直在網路上打轉，找的當然是天體的資訊，所幸拜搜尋引擎之賜，竟然還找得到資料，大自然、黃大哥的家族、寶哥的活動等，便不斷地替我舖陳往後的天體生活。

印象中，最早接觸到的便是辜老的「大自然網路天體聯誼會」，辜老的網站是屬於自行架設並無償提供大家使用，就那時侯的軟硬體而言，不得不說辜老是佛心來的，每月花那麼多錢去照顧台灣的天體族群而不求回報，但令人沮喪的是後來辜老因故無法再分心出來辦活動，而另關一個「天體論壇」，再後來又分出許多天體社團。

每個社團都發展各自的風格，有的像是藝術家組織，

比如畫畫、寫詩、寫書的，他們很喜歡包下室內場地，比如咖啡廳、簡餐店這種比較私密空間，在裡面開起一個屬於自己的 party，暢談自己最近的經歷，做些什麼，出了哪些作品等等，也會互相交流哪邊有展覽，裸體的型態不固定，有的全都不穿，有的只有上空，成員都很習慣了。

我在網路上一直從辜老提供的資訊中吸收天體的養分，有趣的是，我參加的第一個天活動卻不是辜老辦的，而是黃大哥的「KID 天體之家」，後來在南部也號召了不少人，還有自屬營地，可惜，被一個颱風橫掃後，也沒了。同時期的還有「唬爛客」，新竹和台南也各有一個屬於「女同」與「男同」的天體組織，接著還有「三角架」、「露比」、「台裸」等個人網頁在推廣天體。

台灣天體形態可概略分為穴居及遊牧二大類，除了早期辜老的方式和 KID 的營地之外，其餘皆屬上述二類。穴居就是擇訂日期後，再包下的餐廳或酒吧辦天體活動，偏向室內靜態的；遊牧則是大多是以民宿或團員提供的場地，讓參加者與大自然為伍，相較於國外具規模的經營，要不就是沙灘，要不就是森林，台式天體，我只能說是具有「活

性」的優勢。

我後來因爲工作關係，都在台北參加天體活動，台北的團體比較極端一點，要不就很死板的，某部分又很瘋狂極端，奇怪，一進台北的場子，就會不由自主緊張起來，但是聽說現在台北社團有改變了，社團就是這樣，打散又結合，或是創新改革這樣。

現在的天體社團就自然很多，我們社團的朋友個性很活潑，辦活動就很有朝氣，想一去再去，我發現天體營成員眞是人才濟濟耶。

其實社團要穩定很難，如果主辦人沒有一定曝光率的話，成員很難留住，也就不容易信任你，而且主辦者要出錢出力，記得我曾經當過一次召集人，包了一間有湯池的民宿，還有幾間小木屋，地點很讚吧，可以容納三十幾個人，民宿包場花了我十二萬，當時報名有三十幾個人，結果才來個 5-6 個人，報名費收一收我還是賠慘，嚇得我以後不想再當召集人了。

張隆基的經營模式很容易讓人接受，一開始像遊牧民族，到不同的點，兩天一夜的活動就是大家聚在一起聊天啊，打球啊，活動多是張隆基這一團的優點，也可以說是缺點，時間都規劃得很完善，這個時段就是要打網球，另

大口呼吸，享受大自然的恬靜。

一個時段就是要上課，這樣的規定可能是想要增加彼此交流的機會，但是其實會參加的幾乎都是老面孔，大家已經很熟了，根本就不需要什麼自我介紹，所以我覺得到後來就變成有點多餘。

可別以為參加天體營是可以為所欲為的，我們可是有規約的。還記得 2004 年在寫規約時搜羅了許多留言板上的相關問題，諸如心態、生理反應、活動方式、活動限制、兩性互動方式等等，都是些入門前的各種疑竇。剛開始整理時只會一味地狂笑，但笑久了之後便發現，這些問題不是天體營的問題，而是保守社會中每個人的自我設限。

天體營有規範嗎？其實國內外都有，不信你可以到國外的天體渡假村試試，就算沒被保鏢請出去，也會被人白眼，在眾人皆裸的環境裡，最大的規範就是尊重，你尊重了別人的身體和行為，別人自然尊重你，不做自限，也不打擾別人，這就是最好的通行規範。

我最近因為工作關係，沒辦法像以前那樣一年可以參加三、四場天體活動，但我仍心心念念天體法規的修訂，希望能有一個利於天體同好的法令，讓天體者興趣受到支持，隱私受到保障。

臨秋雁紛飛 孤鵬聚有時

過去的大小朋友們

你們還好嗎

當你們來了

也帶來了對天體的懵懂

當你們走時

也請帶走你們學會的天體的謙遜

這裡的一切

屬於大自然

當然這個圈圈也屬於

正在經營及正在加入的天體人

台灣不很大

天體圈更小

一不小心便是前人斷了後人路

亦或後人砸了前人招牌

想想過去的經營方式

再看看現在大家的熱絡活動

內心不勝感動

這些只問付出的前人們

不但塑造了屬於台灣的天體風格

也逐一將天體的精神在這塊土地上播種

感謝您的付出

無論您是哪一類的天體圈經營者

因爲有您的努力

讓所有的天體朋友們有了適合自己的去處

也讓所有的天體朋友們不再孤獨

臨秋雁紛飛　孤鵬聚有時

新一

我一直都是很低調的天體人，山林海邊只要沒人，就是我的天堂，我在天體野營裡我都是一個人來一個人走，沒有揪朋友或呼朋引伴一起加入，追求的就是自在。

說起自己的天體緣起，其實我在家裸體已經幾十年了，一開始就是很自然的喜歡無拘無束，自在的在家裸著身子活動，那是一種自然的氛圍。後來我工作壓力大，再加上父母親相繼離世，讓我跌入憂鬱的深淵裡很久走不出來，應該是察覺到自己可能生病了，一直到了接觸大自然才慢慢走出來。

開始戶外的裸體活動接觸大自然同時，我自己有在經營部落格「天體意識」，其實裸體族從網路上會彼此連結的，我因此也接觸了台灣幾個戶外裸體活動的主辦者，我會在網路潛水觀察一個部落格一段時間，瞭解他們的活動性質，逐一篩選。我認為和主辦者的觀念契合很重要，因此有時候會私下透過朋友介紹去別人主辦的天體活動，通常會以地點為主，比方說某個地點還沒去玩過，我就會去

解放身體和大自然融為一體的暢快，好像時間都凝結了。

參加。

　其實我就是希望能和志同道合的朋友來享受大自然，而不是抱著「來參加活動」的心態，有些天體活動收費高得嚇人，我覺得這不合理，在我的認知裡，天體活動只要收支平衡就好，不是要靠這個來賺錢的，因為辦過都知道，真的享受自然與天體合一，那才是無價，所以我也不是有活動就報的人，會篩選適合自己也覺得理念志同道合的天體組織，就這樣認識了張隆基會長。

　我是到 2007 年出現天體營的話題後，才加入這個團體，但是我一直從媒體新聞裡面知道這個團體，知道有這群「瘋子」，有著跟我一樣的想法，讓我知道我並不是孤獨、神經病的人，那在野溪裸體泡溫泉那是很舒服的事情。

　我回家就是馬上脫光的人耶，從小時候睡覺就這樣，小時候裸體睡覺還會被爸爸罵不穿衣服會感冒，我從不認為裸體會感冒，倒是覺得裸體讓我很健康，不容易感冒。我可以說身上就是留著天體 DNA 的人，像野外解放，我覺

得都來到野外了何必拘束呢？

　　我超欣賞張會長的「傻瓜」性格，也知道活動單靠一個人力量是辦不起來的，所以想要出一份力。在我加入之前，天體營活動的三餐都是到超商買東西回來吃，我參加第一次心想，大家怎麼這麼可憐，每次去郊外玩，吃得像乞丐一樣，我們不只追尋心靈上的滿足，也要把肚皮給餵飽吧。

　　所以我跟會長說，我可以幫忙伙食，張會長在每次的活動都編列伙食費日我來包辦料理，這對我來說是舉手之勞，既可以天體享受大自然，又可能幫忙張會長，所以我們的天體活動，在吃這部份，我可以說是絕對水準之上的。

　　我非常感念張會長，他就像個靠山，讓我們覺得「天塌下來有張會長頂著」，他就是如此令人有安全感。我待他像長輩，又像朋友，他把我拉出來不再一個人獨來獨往，又給我一個空間辦活動，我真的很感謝他。應該說我從肯定、仰慕到信仰，而成了他的門徒。說一個自己內心深處的秘密，在張會長生病末期，我儘量克制自己不去看他，我知道自己在逃避，就怕勾起以前讓自己情緒困擾的負面能量，其實張會長過世之前那陣子我一方面害怕憂鬱症復發，一方面又壓抑自己的情緒，真的很難受。

　　我因為有參加過別的天體團體，到最近這幾年才定下

來，固定和張隆基會長一起辦活動，如果兩邊來做比較，會有很深刻的感想，會大呼怎麼會有張會長這樣的傻瓜呀，別的團體收費又高，無法享受天體的真義。。

張會長不是，他是希望每個參加者，都能夠有滿滿的收穫回家。他一直覺得天體營是很正當的活動，要當成一般活動來推廣，即使我們自己是裸體愛好者，可是偏偏台灣社會看待天體的眼光就是很偏頗，我很愛天體，但一直以來都是越低調越好，每次出門參加活動，就是假裝自己去登山露營啊，可是張會長偏不是，他就是要抬頭挺胸、拋頭露面，還開開心心的接受媒體採訪。

每次張會長辦活動習慣揪大家一起拍照，我在旁邊看都會冒冷汗你知不知道？我多怕照片外流 PO 出去啊，很怕又引起負面新聞。可是現在張會長人也不在了，我有空在瀏覽過去那些照片，排隊形啦、打高爾夫啦、泡湯啦，點點滴滴，一幕幕就像看電影倒帶那樣，回想到當時大家聚在一起那種 ENJOY 的感覺，心情好很多，越認識張會長就越覺得，這個組織讓人很放心，也就漸漸有越靠近、相挺的決心，你會也想出一份力，幫這個組織變更好。我也為我們團隊訂了精神標語，我們深信唯一真理：崇尚自由、熱愛自然、享受自在。我們為這信仰而努力。

共同為天體族祈福。

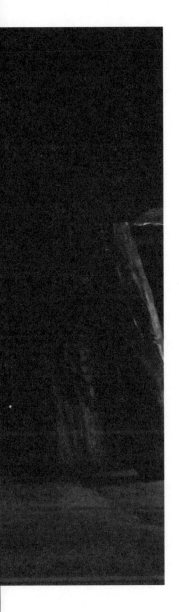

對我而言，我不認同行動劇，還有張會長那些講座，對我來說都是多餘的，雖然我不認同，但我會用另一個角度來思考這事，因為張會長就是一副「教育為大」的觀念，想要給你一些正確觀念什麼的，但對我們而言，天體活動不就是花錢和一堆「隊友」裸體，在大自然間跑來跑去這樣嗎。

張會長的教育為大不止是對會員，他對「競爭」同業，也就是其他天體團體，也是抱著結善緣的心態。像有次大陸的學者方剛，因為在寫一本好像叫做《裸體主義者》的書，需要來台灣探訪一些天體團體，張會長就想說，那就各個不同團體的大家一起大合作來辦場活動。

跟會長辦活動，我們都會很嚴謹把關每一個細節，每個報名的陌生人，我都會當面訪談，瞭解對方的參加動機，確保活動的安全性。

所以我和張會長辦活動考量的層面之細膩，是很多人想像不到的，從大架構討論、活動內容，細節修正，成員篩選，都培養了既深且密切的默契，大家也會早早敲定時間，包括這次多少人參加、什麼特殊背景、這次想加入什麼題材元素等等。

　　到最後我們還做紀念品，帽子、杯子、卡片、桌曆，都是會長把活動盈餘拿來做這些的。

　　想起當年自己為了享受片刻寧靜，那種解放身體和大自然融為一體的暢快，好像時間都凝結一樣的感覺，現在想起來非常懷念，自己一個人的時候，覺得自己當個魯賓遜也挺好的，脫離人群；現在開始主辦活動，腦中所想的都是組織統籌的事情，責任變重，已經不是當初那個隻身前往享受天體的「個人」，反而是要處理一堆人的問題，三不五時會提醒自己，要表現出「君子」、「公平」的一面，終於體會到，喔，原來這就是天體的真義。

　　我們深信唯一真理：崇尚自由、熱愛自然、享受自在。希望我們繼續為這信仰努力。（PS：整理這文稿時，我正跌進憂鬱的深淵中，鼓起精神來完成它，就像當初護持張會長的理想完成，期待這些資料能引起共鳴，讓台灣天體秉持初衷，自由、自然、自在。）

酆哥

2007 年在台東引起很大的新聞話題，報導中所寫的台東民宿，就是我開的，我是酆哥，今年 60 歲。我是嚮往大自然生活的 naturist，脫光光非常的無拘無束，我不喜歡用 nudist 來形容我們，事實上，我們就是一群愛好大自然的天體主義者。

說起我的經歷，我建中的，跟張隆基一樣，後來出國讀數學系，回台灣先在中油資訊處上班，做了 11 年，離開中油後在外商公司，後來又去了榮電，輔導會的那個，也做資訊的，後來出去開公司，這家公司有上櫃，現在呢，公司和老員工者還在，但我離開了，不幹資訊是因為很難搞，在資訊業搞了 38 年，結束後就落地台東了。

我會來台東開民宿說起來也真是緣份，我因為騎重機，騎了三次台東往返，第四次是我從綠島回來路上經過台東，路邊經過都蘭，因為迷路，無意間從個釋迦園看到靠近一片海，我被這風景迷住了，就停下來順便吃了一顆剛剛摘下的釋迦，哇，那滋味真是好，景色更是美，我五湖四海

大江南北，什麼絕色美景沒看過，但都蘭的這海景，看過去就是太平洋，一整個無邊際的海，當下，我就想在這裡住下來，沒想一住也住了快十年了。

我現在在都蘭經營兩家民宿，都交給兒子去管了，我只在其中一家的後面自己搭個鐵皮屋住，現在我要求也不高，人家還說，你兒子住這麼好房子，你住這麼差喔？我是無所謂啦，我天天在外面跑，回家也只剩睡覺而已，房子要這麼大幹嘛？但我還蓋了一個客房，也是鐵皮屋，不免有些朋友會來住嘛，住過的人都說很好喔，我自己也覺得很好。這就是賢人說的「家財萬貫三頓飯、億萬富豪一張床」，人生知足常樂吧？

我在民宿後面植了一大片綠草地，做什麼？打高爾夫啊，我喜歡打，可是台東沒有什麼適合的球場，所以我花了四、五百萬弄了這麼個草地，挖了九個洞，還有發球台，短洞可以打到四百碼，但是呢，是從沙灘上打上來，呵呵。

我還有七艘帆船、水上摩托車都是自己愛啦，朋友都說可以營業賺點錢，但我不想，現在的生活很好，人生目標不是什麼都要賺錢的。

本來在都蘭的生活，也可以說，就是單單純純的退休日子，但在 2007 年六月時，張隆基來找我，說他八月想包

場我的民宿辦個天體營，我以前國外待過，也不覺得很驚訝，就答應他了，我自己也是全裸登場，沒想到後來在地方上引起震撼性的話題，但是張隆基這個人也很阿莎力喔，出事後一肩擔起後續的責任，上警局做筆錄，讓媒體訪問這些事都是他扛下了，這也是為什麼我對他印象非常好的原因。

張隆基真是個熱心的人，那天參加天體營的有個96歲的書法家，他是寫宋朝瘦金體的，那天他講了一段話：「我人生最重要的兩件事情，第一個就是立志成為一個成功的書法家，第二件事情，就是想參加天體營，現在，我兩件事情都做到了。」他特別感謝張隆基，也感謝我，讓他完成人生兩個夢想跟目標，我和現場的人聽了都好感動，真的。

我後來又跟另一位老當益壯的朋友去了趟馬來西亞的天體營，那趟有坐船，船很搖晃，不要說一個90幾歲的老人了，連我們都吃不消，腳步不穩要扶著，他堅持不要人家攙扶，下船後要先進一個果園，是個陡坡一直往上，他一直走都不停的，我們就誇獎他，真了不起，繼續走著走著，都是大家跟在他屁股後面，到達目的地時，我們又講一次，真了不起、腳力好之類的話，這位大哥暴怒耶，罵我們說，「講一次就好，講那麼多次幹嘛！」，哈哈。他

仁者樂山、智者樂水，擁有這片山水，億萬富豪也不如我富有。

覺得自己可以做到的才是眞幸福。

其實台東天體新聞雖然事情鬧得很大，沸沸揚揚的，好像我做了什麼見不得人的勾當，但我兒子一點都不擔心，他是台大法律畢業的，當時他就跟我說，放心，一點都沒事，但是報紙寫的很恐怖啊，什麼「每個都抓起來，一個都跑不掉」，就很聳動啊。

我兒子就在網路上寫了一篇，還署名「酆哥的愛子，撰文支持老爸」，兒子，好樣的，謝謝啦。

天體營的法律面

「台灣天體營」在民宿公然猥褻—何謂公然？何謂猥褻？

馬賽克照片與聳動標題重新展露媒體噬血本質。

只要跟裸體扯的上邊，「「傷風敗俗」與「純樸小鎮」的對比，一如想見的引來主流社會與衛道人士的口誅筆伐

並有效提升新聞收視率。性主流社會對於非常規（夫妻以外）的性，總是充滿好奇想像，一邊偷窺，一邊叫嚷。早年璩美鳳潛入女同志夜店偷拍，到後來自己成為鏡頭人物憤而興訟，媒體高舉新聞自由大旗，堂而皇之介入私空間與私活動，假監督犯罪之名，行商業偷窺之實。

私人空間的不受侵犯性與自我決定與人格發展具有密切關係，人如果在屬於自己的私密空間如果仍要受到種種社會束縛的制約（例如嗜裸睡受傷風敗俗之譏），則如何能期待他在任何情況下發展自我意識？身體隱私權，在無礙他人實質法益的範圍內，實無動輒以「社會秩序、善良風化」加以制限的權力和實益。大法官釋字603號解釋中，以基於人性尊嚴與個人主體性之維護及人格發展之完整，並保障個人生活私密領域免於他人侵擾…，隱私權乃不可或缺之基本權利，受憲法22條所保障，堪為立法者、司法者、媒體監督者假公之名行權力濫用之界限。

家宅隱私權為憲法保障隱私權的核心之一，落實在法律上，國家欲行刑事搜查亦受令狀主義的限制，如無法院核發之搜索票原則不得任意進入；國家對私人住宅的監聽，只限於電話監聽（須經法定程序自不待言），在住宅內安以監聽設備之大監聽，甚至不為通訊監察保障法所允許。

非經許可進入私人住宅可能構成刑法 306 條侵入住宅罪。此均可肯認憲法對家宅權的保障乃全面性的，例外時才予以限制。此不唯保護個人免於國家的非法侵害，並同樣適用於國家以外之第三人。

私空間與公共空間有本質上的不同，公共空間有不特定多數人得以接觸的特性，被立法者認為有在此空間活動之個人較易受到他人活動侵犯之潛在利害（即多數人價值標準不同，利害未必一致時），是故對在並無直接侵害特定人法益之活動（所謂的善良風俗），限制其不可公然為之，以避免所謂「道德標準較高」者之道德情感被侵害的危險。公然賭博罪不罰私人空間之行為，公然猥褻亦是如此。

對照上述目的論，對「公然」的解釋自然再清楚不過。惟其有帶給不欲見其者困擾的情形，刑法／國家權力才有介入的正當和可能性。刑法妨害風化罪章，在社會個體對性之價值標準分歧以及憲法保障多元文化和隱私基本權的構造下，對所謂「社會風化」更須從嚴解釋，非在行為以明顯而直接侵害他人性價值情感時，不應任意以司法者自身的價值判斷介入私領域活動（不論是赤身露體、看性愛錄影帶或是任何形式之性活動—只要是在私領域）。依此標準即使是在飯店的套房進行的所謂「性愛派對」，如果

沒有吸毒、性交易或是未滿十六歲者之性活動，國家自無干預權力。大飯店套房的包租如此，包租私人民宅亦然，要無差別對待之理。

有謂民宿的室外空間仍有遭窺視之可能，仍為「公然」。如果有遭窺視之虞均可當做檢視是否「公然」的標準，甚至著迷你裙的女士電扶梯走光，都可能被視為「公然猥褻」。更何況在深山裡的民宿，不經翻山越嶺難以窺視，這種故意窺視，是否是刑法所保障的「不受他人性活動干擾」的法益，不言自明。

有評論動輒拿大法官 407、617 號解釋闡數所謂「公然」不限「不特定多數人」，「特定多數人」亦為公然。實則該兩號解釋均在闡述「猥褻」之定義，並未對「公然」多所著墨。倒是釋字 617 解釋理由書中，大法官認為刑法 235 條散佈猥褻物品罪的客體應限於「未採取適當之安全隔絕措施（例如附加封套、警告標示或限於依法令特定之場所等）而為傳布，使一般人得以見聞之行為」，以衡平保護人民之性資訊自由與他人性道德情感。本於同一理由，經當事人間事前同意之非公開性活動，自不應受刑法 234 條之限制。

私空間的活動，國家介入權受到強烈限制，只有在危

險明顯而立即時才有介入必要。所謂公然者，司法實務提出「不特定多數人得進出」之概念，依此標準，私人包場之場所非屬公然，否則豈謂包租場所但未經聲請之事內集會也是刑法149條「公然」聚眾不解散罪之客體？國家行為此時對「公然」與「猥褻」之構成要件，均應作最嚴格之解釋，使符合刑法謙抑性的憲法原則。

藝術性、醫學性、學術性的性活動，例如展示人獸交的圖案（嚴格上根本不是性活動），並非猥褻非公然猥褻罪所規範（釋字317解釋參照）。然本次事件的重點並非「學術性」的有無，而在是否為公然。

憲法所保障之性表現自由包含性行為在內之任何層次，並不限於學術性言論。非公開的性活動即使是性虐待、集體性行為並不是國家所應規制的活動。在性解放和性自主高張的年代，任何形式的性活動在不侵害他人法益的前提下都是性自主權的表徵。報載所謂裸體以外的行為（錄影帶教學、自慰示範等），即便屬實，亦未必非屬學術性（並非只有寫在書上的才叫學術），退萬步言，即便非屬學術，亦受性自主權之保障（欲參加者可參加，不欲者可自由離去）。又縱使同意參與該活動中有任何人對他人提出性邀約，並不當然侵害相對人之性自主權；蓋非強迫性的邀約，當事

人本得依其自由意志答應或拒絕。剝奪人民向他人為性邀約之自由，如同剝奪人民向他人請求交往之權利，才是真正侵害該邀約人之性自我決定權。

又該各集會參加者，並不需要對他人之性活動負責。性自主乃個人權利，沒有人因為同意參加該次活動就當然變成其他參加者之保證人。當事人私人間如有情慾行為，並不會讓活動的正當性受到影響。不同於小學生朝會，性自主權為每個人的個人自由（個體性），他人無權，也無從干涉，亦不用負責。

憲法對於人民非公開之活動家以保障。記者以假名混入他人活動或許只是新聞品質低落的當然表現，如假新聞自由之名，竊拍竊錄他人之非公開活動者，恐構成刑法315-1、315-2條妨害祕密罪（非告訴乃論罪）。被竊錄竊拍而受妨礙名譽或妨礙祕密之被害人，別讓自己的權利睡著了。

身體自主權拒絕被扭曲。

國外天體

04

天體的
亞洲視野

×

莉
亞

2017 年第六屆泰國天體會議在北碧府（Kancharaburi）的席娜卡琳（Srinakarin）水壩 的木筏房子上舉行，今年共吸引了七十八位來自各國的天體愛好者偕伴參與。單單來自馬來西亞、中國、臺灣、香港和新加坡的華人天友，佔據了所有參與者的一半人數，出席的婦女人數占約百分之三十五。天體不再是僅限西方人的休閒活動，它逐漸成為國際化的生活方式，而且，越來越多東方女性參加。

三天兩夜的團體活動包含瑜伽、搶答遊戲、徒步山林、燒烤晚會、唱 KTV、音樂椅、跳舞等；隨性活動則有游泳、閱讀、閒聊、釣魚等，節目豐富有趣。

從 2012 年第一屆開始不到二十人出席，至本屆出席人數將近增加四倍，泰國無形中成為亞洲天體人的集合地點。一開始泰國天體聚會是在網路 Meetup 出現，多年來，累積了上千名同好之後，開始另闢屬於自己的網站，目前已有兩千多名會員。泰國是一個旅遊勝地，旅遊業是國家的經濟命脈，無形之中，泰國人對不同偏好者擁有較寬容的接納度，吸引了不少國外遊客前來旅遊或定居。

泰國天體族群得以穩健的成長，除了泰國人有較佳的容忍度之外，主要原因是泰國有兩位長久定居的資深天體人，分別是來自美國的 Bruce Kendall 和丹麥的 Gregers

Moller 牢牢地守護著天體領域，把情色和天體嚴格區分開來，每位進來參加天體活動的人都明白：「裸體不等同於性」。男性對女性的尊重，營造了友善和舒適的環境，加強了女生對自我與對身體的信心。天體就是對身體的釋放，打破根深蒂固對裸體的羞澀態度和思想，把人們引入對身體的健康思維裡。

　　亞洲將會是天體的未來，泰國將會是亞洲天體的據點。馬來西亞的天體結合了三大民族，臺灣和中國大陸的天體逐漸浮出檯面，印度具有一定程度的潛能，香港有健康的裸體藝術，相信結合各方的力量，天體將會在亞洲發揚光大。

我們都是一樣的人

╳ Alec

「自然」、「自然的」、「天體主義」，這些詞彙都來自於同一個家族。當我第一次經驗天體主義時，其實我並不瞭解這些詞彙的真正涵義。

那時我是個青少年，地點發生在一個天體營區內，我朋友的爸媽在那裡悠閒地度過她們的假期。很奇怪的是，我對那時的記憶不是很清楚，我記得每個人都裸體，而且也很自在地享受他們的生活，就像是穿著衣服一樣。那裡有游泳池，有河流，還有迷你高爾夫球推杆等等，是一個充滿各式各樣活動和友善人群的地方。

青春期我第一次體驗到裸體，我的第二次經驗發生在許多年之後，我一直相信這次是讓我轉變為天體主義者的美好經驗。

我和我的女朋友無意間闖入一個裸體海灘，我們並不知道那個地方有裸體海灘，於是兩人決定嘗試看看（嗯……其實是我說服女朋友體驗一下），然後我們決定隔天再回家。我們在海灘上消磨了一整天，不穿衣服和一些人聊天，認識新朋友，感覺真的很好。我開始瞭解所謂「自由」在天體生活風格的意義。事實上，當每個人都裸體時，所有的阻礙都消失了，人與人之間沒有甚麼區別。無論是總裁或農夫，有錢人或貧窮人，每個人在裸體時都站在同一個

水平。你無法分辨誰是誰，這很好，因為恰巧可以移除社會加諸於人們的刻板印象。我喜歡在裸體海灘光著身體的感覺，感受微風、陽光輕撫著我的皮膚。這是一種連結的感覺，我無法用文字說明，只能去感受它。拋棄壓力和生活煩惱，純粹享受當下時刻，然後你將會明白天體主義對人類健康是有益的。

在這個裸體海灘，有一堆常態活動者照顧著海灘，而它永遠是乾淨的。有些是組織排球比賽，或者有時候一群人會帶點食物和飲料野餐，不過在這群常態裸體者之中，我們每年總是會看見新的參與者，一開始穿著點衣服，試圖想要進入裸體生活。

之後的幾年中，我曾經去過許多裸體海灘和裸體旅館或度假中心。在美國，我去過邁阿密的 Haulover Beach，這個海灘很容易找到，搭乘大眾交通工具就可以了，而且非常有名。在周末你可以看見四、五百人在海灘上。裡面也有守護員，所以很安全，人們很友善也願意幫助別人。我大概去過五、六次，每次經驗都令人覺得驚奇。

在歐洲，我去過法國的阿格德角（Cap d'Agde），不用多說大家都知道這個地方。對我而言，拜訪阿格德角就像是去紐約一樣，你一輩子至少一定要去過一次。最讓人感

到震驚的是那裡充滿了一大堆人，我從來沒有看過世界其他地方有這麼多人！對我來說，人實在太多了。而且你想要的話還可以裸體逛大街呢！不過阿格德角已經愈來愈商業化經營。你可以享受海灘，但只要一進入城市就不一樣，有去過的人才會明白我想表達的意思。

在台灣，目前還沒有裸體度假中心或海灘，不過天體族會定期群聚在一起，承租某個空間進行裸體聚會。我參加過幾次聚會，也明白傳說中台灣人的友善真是名不虛傳。

天體主義為世界帶來另一種形式的尊重，當我們裸體時，我們看待世界的方式會有所不同。其實，我們都是一樣的：人。

Nature……natural……naturism : those words are from the same family. But when I had my first experience about naturism, I actually did not know what that word

actually meant at that time.

I still was a teenager then, and it happened at a naturist camping site where the parents of my friend were spending occasionally their time. Strangely, I do not have a lot of memories of that time. I remember that everybody was naked and was enjoying their life the same way they were doing when clothed. There were a swimming pool, a river, a mini-putt and so on. It was a place with lot of activities and full of friendly people.

It was my first experience with naturism, but my second experience happened a lot of years later and it is the one that made me a naturist for good, I believe.

Me and my then girlfriend stumbled into a nude beach that we were not aware it existed at this place. We gave it a try (well I convinced her to give it a try) and we decided to come back the day after. We spent the whole day naked, talked to some people, get some new friends. It was really nice. I started to understand the concept of freedom there is with the naturist lifestyle.

The fact is, when everybody is naked, all the barriers fall

apart. There is no differences between individuals. The one who is president or farmer, the one who is rich or poor, they are all of the same level when naked. You cannot know who is who and this is good because it removes stereotypes imposed by the society.

I liked the feeling to be naked at a beach and feel the wind and the sun caressing my skin. There is a kind of connection that, personally I cannot explain, but just feel it. Forgotten

the stress, forgotten the worries of life. You enjoy the present moment, you relax and with some luck, you get new friends as well who share the same ideas than you about how naturism is good for human being health.

At that nude beach, there were a bunch a regular that was taken care that the section of the nude beach was always clean. Some were organising volleyball tournament, or sometimes some shared picnic where everybody brought some foods and drinks to be shared among participants. But along those regulars, we could see that every year, there were some new people, textiles at first, trying to live the naked life.

Later, along the years, I had been to many nude beaches and nude hotel or resort. In USA, I had been a couple of times at Haulover Beach, in Miami. That beach is easily accessible by public transport and is quite popular. On weekend, you can see around 400 or 500 people. Safeguards are there, it is very secure, and the people there are very friendly and helpful. I had been there 5-6 times and the experience has always been fantastic.

In Europe, I visited Cap Agde a while ago. There is no need to describe Cap Agde because everybody knows about that place. I would just say that for me, visiting Cap Agde is like visiting New-York. You must do it at least once in your life. What is incredible is the huge number of people you can see on that beach. I have never seen so many elsewhere in the world. For me, it was a bit too much though. And you can walk naked in that city too if you want. The downside of Cap Agde is the mercantile side of the naturism. You enjoy the beach, but once in the city, you see the difference. Those who had been there understand what I mean.

In Taiwan, there is no nude resort nor beaches but again, individuals who regrouped themselves and decided to rent some places and organise nude events there. I met some in the past and I know now the legendary Taiwanese hospitality.

Naturism can bring a different regard to the world, to the way we see the world because when we are all naked, we are all the same: just human beings.

無心插柳
柳成蔭
我們成了天
體營主辦人

蓁
蓁

太愛天體，我們竟然無意中變成了天體的主辦人。

在張會長時代，我和小 K 兩人參加過幾次天體營。我們都非常喜歡。喜歡活動在大自然之中，天寬地闊；喜歡參加的人都坦誠相見沒有有心機；喜歡活動中的互相尊重，自由自在。在活動中，我們可以全然的放鬆，就像路哥說的：「來天體營就是來當神仙」。每次活動結束，路哥就說：「我們又要回到凡間了。」

後來張會長到天上先幫我們在天堂建構天體基地。此後，天體的

活動就沒有每月一次的舉辦。到後來幾乎停擺了。我因為工作壓力太大，跟小K說很想再參加天體活動。小K因此就邀了些舊日的族友和我們的朋友辦了第一次在霧台的天體活動。

原來只想就是這樣玩一次，沒想到在族友們鼓動之下，竟然又辦了第二次、第三次。然後原主辦人就說交棒給我們主辦。族友希望變成例行活動，我們衡量狀況，就發展出每兩個月辦一次的規律活動。到目前為止，已經辦了

五六次。

　　其實每次辦活動，我們都覺得壓力很大。才能體會前主辦人的辛苦。從事前的尋覓探勘活動場地、付訂金、公告邀集族友報名參加，到交通的安排，食宿活動的計畫、材料道具的準備……，每次活動結束回來都還要休息好幾天才能恢復疲勞。雖然這樣，身為天體人，我們兩人漸漸有了使命感，會去了解其他國內外的天體活動情形，尋覓場地也變成我們每次旅遊的附帶任務。我們甚至和其他十多位族友，在前主辦人華華的協助之下去參加了兩次泰國的年會。

　　泰國的天體活動是很有組織的。年會由一個登記立案的團體主辦，已經運作非常成熟，有固定的會員族友，繳交年費，參與活動。有固定的提供活動場地的商家，所以可以依照計畫執行。年會是非常正式開會，報告一年來的活動和收支形況。以及下年度的計畫。來自各國的族友也都有代表報告自己國家或地區的天體情況。而且參與者大都很認真聽報告，還會跟報告人提出問題來討論。原來天體活動也是一項非常認真嚴肅的議題，雖然看起來只是休閒娛樂。就像一個加拿大族友說的：「Naturism can bring a different regard to the world,

to the way we see the world because when we are all naked, we are all the same: just human beings.」（天體主義為世界帶來另一種形式的尊重，當我們裸體時，我們看待世界的方式會有所不同。其實，我們都是一樣的：人。）

每年都有十幾個國家的族友參與泰國的年會活動。去年我們參加時，發現亞洲地區的參與者越來越多，約四十多人。分別來自新加坡、香港、大陸、馬來西亞、台灣和印度。特別的是印度有三十位族友出席，卻沒有女性。在天體活動也可以看出各個國家的文化差異。去年的活動參加者之中，亞洲地區的族友多於來自歐美的。亞洲地區的成員有年輕化的趨勢，歐美的則大多數是年紀較大的退休族。

在台灣，有人還是帶著有色的眼光在看天體活動。其實，全世界的自然主義者，在天體營之中都有嚴格的規範，嚴禁性活動，也不可以私自拍照，確保大家的隱私與安全。

台灣的天體活動，前會長和主辦人非常積極建立協會網站，希望能夠立法合法化，一直還沒成功。我和小K接辦活動之後，也在朝這個方向努力。但是台灣的條件還不成熟。除了幾位基本咖每次活動都一定參加，並幫忙活動期間的工作。其他族友或許因為個人家庭及工作因素，不能高頻率出席。仍有待族友們的廣為宣傳推廣，留住舊會

員增加新會員。目前我們每次活動參加者約二三十人。

　　只是每次活動好像都是單次性的活動，辦了這一次，不知道下一次的報名情況。

　　雖然如此，基於對天體的愛好，我們會繼續努力。希望有固定的提供場地的商家，固定的會員族友參與規模。讓天體活動成為一個團隊活動，而不是我和小 K 的事而已。

　　其實台灣還是有一些個別化的、三五好友的天體活動，網站的瀏覽人次有都好幾百人次。有許多天體族的潛水客，希望有一天大家都浮出來，形成有力量的團體。

加拿大
瑞克海灘
（Wreck Beach）

阿亮

加　拿大溫哥華 Wreck Beach(瑞克海灘或沉船灘) 是國際知名的天體海灘, 長達 7.8 公里，也是北美最大的天體海灘。位於 UBC(University of British Columbia) 加拿大英屬哥倫比亞大學西南側的西南濱海路 S.W Marine Drive，海灘也屬於 Pacific Spirit Regional Park.(太平洋精神地區公園) 的一部分，從小徑入口進去，沿著木頭階梯下山約 100 多米即可到達這個天體海灘了。

　　近 8 公里長的瑞克海灘因位處於陡峭的山崖下，又有茂密的森林作爲屏障，彷彿與外界隔絕的小天地，成爲崇尚大自然，喜歡解放自己享受天體活動者的寶地。

　　瑞克海灘的入口處位於 U.B.C 大學西側六號門的公路旁。從入口處往下走有一條約爲 30 層樓高（約 100 公尺落差）的階梯步道蜿蜒於茂密的樹林中，一路到底即是遠近聞名的天體海灘。瑞克海灘有沙灘、岩岸、樹林等多樣地形也形成了不同的活動方式。戲水、游泳、球類運動、日光浴、靜坐冥想等。每個人可選擇熱鬧的沙灘區、 密的樹林區或自得其樂的岩岸區作爲自己活動的空間範圍。瑞克海灘除了基本的公共設施浴室、廁所，路線指引標誌外亦有一小小的攤販區，販售飲料、咖啡、簡易速食及紀念品，亦有浴巾的租售。

因為距離溫哥華市區僅 20 分鐘,所以來自各地的遊客非常多,各個年齡層的訪客都有,也因此成為加拿大最熱門的海灘,最熱鬧的時候每天遊客有萬人之多,每年可以創造數十億元的旅遊商機。雖然瑞克海灘是 Clothing Optional (選擇性衣著),但有潛規則,「下海灘脫不脫光衣服自行決定,出海灘上馬路必須穿衣服」,也就是旅客可以自行決定裸露的程度,但政府當局仍然希望大家來到這裡可以尊重其他裸體的朋友,盡可能以裸體的方式進到海灘區和大自然融為一體。

　　民間組織 Wreck beach preservation society (簡稱 wbps) 在每年夏季都會舉辦各式各樣的天體活動例如健行、裸奔、裸泳、沙雕、人體藝術秀、沙灘運動比賽等,以推廣天體活動。

法國阿格德角
（Le Cap d'Agde）
天體村

×

小
葉

此為阿格德角（Cap d'Agde）
鎮上街景，飄揚著世界各國旗
幟，象徵著四海一家、天體無
國界，充滿地球村的概念。

我在今年九月到法國阿格德角天體村，這是生平第一次到歐洲，抵達巴黎戴高樂機場當天就就遇上 TGV（法國高速列車）誤點 1 小時 30 分，使得原本的火車接駁行程被打亂，輾轉到達阿格德 Agde 車站再搭 4 號公車抵達 Village Naturiste 已是下午 6 點了，縱使在旅程中有些慌亂，但也澆熄不了我渴望一睹阿格德角天體村的熱情，畢竟這是天體族的夢幻淨地。

在法國南部，面向地中海的小鎮阿格德角 Le Cap d'Agde 是一處 Naturiste「天體運動者」也是「自然」愛好者的天堂，這裡可說是全歐洲最著名、最有制度的天體渡

假區。

怎麼說有制度呢？因為這裡有非常明確的天體村守則，讓參加天體活動者身心靈都獲得釋放與保障，守則上明確規範：

1. 您必須學會敞開胸懷，讓您的身體自然地裸露，並平和自然地看待身邊其他的裸體。
2. 您必須維持基本的禮儀，避免做出嚇人的舉動，或者去騷擾別的客人
3. 如果您攜帶愛犬同行，要注意動物的排泄物，這樣大家才能擁有一個高品質的度假環境。
4. 另外，天體村的公共空間中禁止任何性行為。

要進入天體村需要先買門票，一人次 8 歐元，買完票進入阿格德角天體村之前，必須先通過例行的安全檢查，營區的各個入口都有保安人員把守，進入者得乖乖地按規定辦理各項手續。如果不是這裡的會員，不能開車進營區。如有預定住宿，第一次由房仲 agent 帶領進去不用錢，入住後如需多次出入，建議購買三日或七日通行證較為划算。

阿格德角天體村內部建築主要以二個大圓形多層樓的

這是攝於阿格德角（cap d'agde）的碼頭，此碼頭位於天體村外，坐 4 號公車約 10 分鐘車程，那兒每逢六、日都有週末市集，摩肩擦踵、熱鬧異常，是村內大眾補給糧食、衣物、日用品的好地方（雖然村內也有超市）。

渡假屋為主，其餘的是獨棟小屋，圓型渡假屋的一樓有商店街、超市、餐廳，到了夜晚，這些店家卻搖身一變，轉換為三溫暖、Club、按摩店，甚至 SM 俱樂部，真可謂白天、夜晚各有其風情。

在阿格德角天體村裡，你不用耽心自己的三圍或體態是否符合標準，身材中廣的、小腹突出的和皮膚老得皺巴巴的人都泰然自若，構成了最自然的圖畫。 白天，赤裸的人們大多集中在海灘，享受陽光、沙灘和海水，爸爸、媽媽和孩子一家人光溜溜地在一起玩耍，也有祖父、祖母級的族友來同歡；一對對情侶浪漫地為對方擦防曬油享受陽光，年輕的金髮美女及小鮮肉也不少；偶爾出現一兩個身著制服值勤的保安人員走來走去點綴畫面。

天體村的 Beach，綿延約二公里，面向地中海，有一定的邊界，邊界上會有立牌，立牌標示「No Surveillance」。邊界內，大家都是裸體祖裎以對，但出了邊界就不是每個人都天體了。海灘上很自由，只要你不影響他人，做甚麼都沒人管你，有異性、同性的情侶相互愛撫、調情，也有人在一旁欣賞、觀看。

大老遠跑來法國參加天體，一定會在村內的渡假房間住上幾天，請注意，渡假房間的預訂是一大學問，村內房

就是從這個牌子以內才
是「天體沙灘」的範圍

這是 Village Naturiste 天體村裏的 Beach，綿延約二公里，面向地中海，
有一定的邊界，出邊界就不是每個人都天體了，但是有看到人門進到邊
界內就開始脫衣服，立牌上有說「No Surveillance」，海灘上很自由，
只要你不影響他人，做甚麼都沒人管你，有異性、同性的情侶相互愛撫、
調情，也有人在旁邊觀看。

間各分屬不同 agent 所有，無統一預訂窗口，網站上的價錢到現場通常要加上許多額外費用，如：清潔費、床單費、餐具費等，而房間的出租大多以三天到一星期為單位，夏季、假日一房難求，需提早預訂，9 月中旬天氣轉涼，房價就跌到谷底。

圓形渡假屋，在天體村內共有二個，房間相連、樓層間屬於階梯式建築（一樓有商店街、超市、Club 等），所以每間房間陽台皆可曬到太陽，而人們若不想去沙灘活動，在自家陽台就可享受地中海旁的日光浴。由於房間相連、互動性好，也常見人們在房間裡點燈布置、開 party。

這是村內二個圓形渡假屋外的獨棟小屋內部一樓陳設,此類小屋有二層樓,樓下有客廳、飯廳、衛浴、主臥房,樓上有小孩房,適合全家入住,也有戶外陽台可做日光浴,隱密性較好,但與芳鄰的互動性不足,如果是喜歡交朋友的人,還是建議預訂「圓形渡假屋」。

白天可到沙灘天體，晚上村內享樂的夜生活是愈夜愈美麗，有三溫暖、全裸按摩店、SM和人們在池邊狂歡、享樂的Club，這些Club大多晚上營業，一直到天亮，要參加、進入的人，會在穿著打扮上下功夫，多數穿著黑色蕾絲紗衣禮服(村裡店家有賣)，若隱若現，但不可穿著拖鞋。晚上走在村裡隨時可以看到驚喜，例如有全裸打扮的男生，下體綁著鐵鍊，由女伴像遛狗一樣地拉著走。

這張是凌晨4:30攝於村內的Club外，村內夜生活有許多去處，有三溫暖、全裸按摩店、SM Club和上圖那種裡面有游泳池，人們在池邊狂歡、享樂的Club，這些Club大多晚上才營業，一直營業到天明，要參加、進入的人打扮都很講究，大多穿著黑色紗衣禮服(村裡店家有賣)，若隱若現，不可穿著拖鞋。晚上走在村裡隨時可以看到驚喜，例如有全裸經打扮的男生，下體綁著鐵鍊，由女伴像遛狗一樣地拉著走。

這是阿格德角（Cap d'Agde）街上販賣的法國美食，雖然價格不斐（比起自己下廚料理），但可品味當地特色，也未嘗不是人生一大樂事。

這也是阿格德角（Cap d'Agde）街上販賣的美食，應該是德國香腸一類的醃製食品，不要小看它不起眼的「發霉」外型，這可是當地人飯桌上的珍饈呢！

如何到阿格德角天體村？

＊**航空**：抵達巴黎後，可搭乘 RYANAIR 瑞恩航空班機前
往阿格德角 Beziers 機場，每週有 4 班飛機往返巴
黎與阿格德角之間，飛行時間約 1 個小時 30 分鐘，
天體村距機場約為 15 公里；但因在巴黎的搭乘機
場為 Beauvais 機場非戴高樂機場，故對於國際觀
光客來說航空轉機並不是太方便。

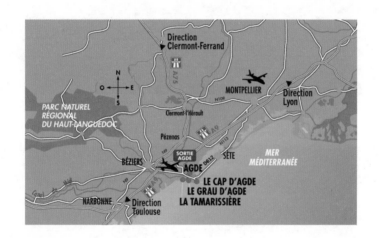

＊火車：從巴黎戴高樂機場第二航廈即可搭乘 TGV 法國高速列車，再轉接一般火車前往阿格德，坐火車約 5 小時車程。

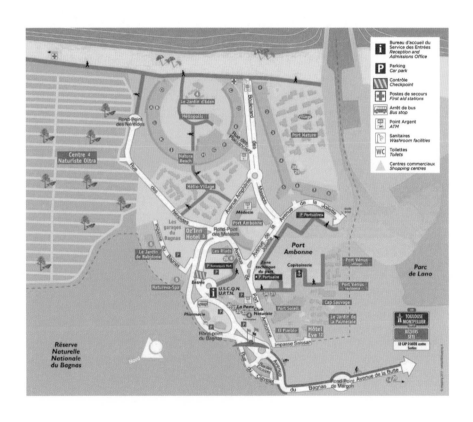

chapter

新一 Q&A

05

Q 如果想參加天體營，需要攜帶什麼配備嗎？或有什麼條件或心理準備？

新一A 參加天體營，最重要的是「自在的心」，因為唯有你的心靈、心情及心態都自在，才能夠在這塊園地享受解放的樂趣，同時你因為自在，也就不需要顧及別人的看法及想法，達到天人合一的境界。

至於要帶什麼配備，需要帶個人盥洗用具、一套換洗衣服，以及一條大浴巾。為什麼要帶一條大浴巾呢，這可不是給你披在身上的，因為在大自然中可能要坐、臥、躺，舖一條浴巾會比較舒適。

Q 第一次參加可以先穿衣服（或穿泳衣）觀摩別人，日後參加再脫衣服？

新一A 隆基會長在世時，他是同意第一次參加者可以穿泳衣的，但某些天體者則持反對的意見，我認為這個都是有教育的空間，以及教育的潛能，這麼多年下來，我始終抱持最大的包容心，讓大家自在來參加天體活動，活動性質就是享受天體自在，如果會不自在，那麼是否要思考更適合自己的休閒活動。

Q 是不是一定要身材很好，
才能參加天體營？

新一
A 享受大自然的天體營，不是評論身材的選美活動。
我說真的，只有少數別有居心的人會一直盯著別人
的身材，大多數人都是自己在享受天體的樂趣，沒
有人有空去管別人的身材。

Q 如果看到女性，有勃起的生理現象，
會不會不禮貌？

新一
A 初次參加活動，難免感官會受到衝擊，而失去焦點，
有生理反應是正常、健康的男生，只要當下轉移注
意力，並且稍做遮掩，這是很禮貌的吧！但如果反
應太久，就要去看醫生了，大丈夫要能屈能伸嘛。

Q

在天體營裡面看到各種身體，會很在意或跟別人比較自己的身材嗎（胖瘦、生殖器官大小、腰部、臀部、胸部等等）？

A
有一對夫妻，老婆的身材是比較豐滿的，夫妻結伴來參加天體營以後，老婆回去減肥，瘦了廿幾公斤。所以來參加天體營也是不錯的，可以起心動念來為自己做一些改變。

還有一位女性族友，來參加天體營，會特別好奇男人的生殖器，之前曾有一說，男人的鼻子和性器官成正比，所以這位人妻就會上下注視的男生，加以比對，還不時會跟 popie 討論，真有研究精神。

提到 popie 會長，他的鳥真的是無人能敵，不過也對啦，鳥不夠大，沒有過人之處怎麼當會長呢，哈哈，還有一些會友看到會長的鳥，忍不住跟會長說，「會長，你的鳥可以借我摸一下嗎？」會長都會同意，然後大夥人哈哈大笑，說真的，我們就是一群很真誠對待的兄弟姊妹，沒有侵略性。因為我們的起心動念，都不是在濫性，所以即便關注了身體，也僅僅在於讚美藝術層面。

其實每個人欣賞身體、欣賞美，關注自己的身體這是好事。

Q 第一次參加天體營的人，在脫衣服的那一瞬間會有解放身體的快感嗎？

新一 A 有天體 DNA 的人，來到天體這個環境，就會有「我不孤單」的融入感，和大自然、和所有天體同好融合，剎那間就好像是巨人。

第一次參加天體的人，在脫衣服的那一瞬間，不管男男女女，百分之九十都是動作扭扭捏捏、尷尬的，看看有沒有反應，稍微遮掩一下。

其實欣賞、觀察每個人都會有，因為異性身體有反應的，就會看到有人臉色一陣紅一陣白，其實都是難免，主因是第一次參與內心建設不夠。身為主辦者，我在集合都會第一個發言，也能夠第一時間觀察到每個人是否都「輕鬆自在」，在會長的角度他覺得每個都是像他的孩子一樣。

Q 如果是要過夜的天體營，
住宿都是怎麼安排的？

有過夜的天體營，在安排住宿時，假設有攜伴的，攜伴又分為第一次參加、多次參加的老族友，我都會分類好，如果有比較活潑的伴侶，我可能安排跟比較陽光的伴侶同房，夫妻可以分享瑜珈、美食的生活經驗，因為多數攜伴參加的人，也只是來安靜享受天體的渡假時光，所以一些問題都能防患於前。

單女、單男的房間分配，我以前認為就是個別住單人房，但是隆基會長不這麼認為，他鼓勵男女生可以同房，心態健康，單男及單女同住也可以聊天，睡在一起迎接晨光，不會一直想性的問題，會長人很正派，這就是他倡導的「自在的天體世界」。

說到這個，辦兩天一夜的天體營時，多多少少都有人會打電話給我「關切」一下，還說想跟誰誰誰同房，你去天體是要自在的享受天體，還來跟我指定要跟誰同房，就表示起心動念就不純正了，身為主辦者，人是群居動物，也會思考應變，所以安排活動細節真的很費心，也會有無力感，其實只要真心付出，大家也會感同身受與包容。

Q 參加天體營，會發生被偷拍的事情嗎？
怎麼預防呢？

新一 A 主辦者責任重大，我選定的天體營地點，都是事前多次去勘查過，確定不會有閒雜人等在四周閒晃，才會對族友宣布天體營時間及地點，這是主辦單位應該要做的。另一方面就是對於參加者的規範，現在手機都有拍照功能，有心人士就是會做些擾人的舉動，所以我會規定參加者不能拍照，團體行動時也不能帶手機，眼睛有時就像雷達一樣要四處巡邏，一發現不對勁，就馬上請他離開。團體活動我們會有一台相機拍照紀錄活動過程點滴，並負起妥善保管的責任，這個沉重的負擔也是因使命感而產生平衡。

Q 在家裸體和參加天體營的裸體
有什麼不同？

新一 A 有很大的不同。在家裡是和傢俱、居家空間的對話，但在戶外，是身體心靈和大自然交流，環境感動截然不同，在戶外的天體營能讓意識自由穿越他人關注的眼神，那真是一種解放，裸體群聚也會產生意想不到的群療效應。

Q 另一半持反對立場，
該如何參加天體營？

 新一A 我老實講，單男來參加天體營，大多數人是自由的決定，也有善意隱瞞另一半的，我們就有資深族友，已經來天體好幾年了，但他太太是完全不知情，我可以諒解，畢竟天體這個活動，在台灣的接受度還是不高，也是有夫妻協商好，先讓老公來探險，主因是對於陌生的恐懼吧，或是天體意識推廣不足。

天體的無拘無束感只有參加過的人才能深刻感受到，所以為了避免家庭糾紛，族友也就一直隱瞞下去，這個我沒辦法介入及解決，畢竟家庭狀況只有當事人最清楚。如有族友提起他（她）的另一半都邀不來，我會說，你要更感恩伴侶能夠包容你，讓你來參加活動。

Q 國外的天體營常見全家參與，
為何台灣沒有？

 新一A 全家參與的天體營台灣也有，我們族裡就有一家四口全家一起來的，參加過好多次，很 OK 的。有很多族友們原本就是居家天體生活，也有族友參加完活動之後，把天體自在意識帶回家，慢慢構築天體家庭。

Q 爲何天體營不以單一性別爲主？例如全部都是男生，或全部都是女生？

新一 A 這是很制式化的思考，如果都是女生也會有安全的顧慮。很多其他外圍團體常會質疑我們天體主辦者，給女生優惠，就是想看免費的女體，我要說，這些人就是想太多了，我的出發點很單純，我知道女生有很多顧忌，所以歷次的參加者都是男生比較多，為了鼓勵女生出來享受天體，所以我給女生優惠。也對攜伴參加的夫妻情侶優惠，就是鼓勵少數族群能走出來，我都是把每次的活動經費算的剛剛好，不會以盈餘為考量，所以我們的天體營活動真的只能算是小型的私人俱樂部吧。

歐美有很多合法天體專區，
台灣有嗎？

 國外合法的裸體海灘強調健康、生活、運動、休閒，性行為是禁止的，你們想要性愛，就去可以做愛的地方，不會在裸體活動的場合。應該這麼說，「性」的獲得很容易，純天體的生活卻非常稀少，這是我們不遺餘力推廣健康天體的主因，如果參與活動形式或成員有性和誘因，都會讓單純的活動變調，所以到國外裸體海灘大家都是盡情地享受。

台灣就是對天體仍存有刻板印象，台灣感覺就是社會壓抑，所以仍沒有合法的天體專區，在這樣的限制下，我想引用陳文茜女士過去曾經在媒體投書內容所說的，「上帝與父母給了人們身體，人們有權在不妨礙別人的前提下，為自己的天體做適度的選擇。」

勁草叢書
426

裸體為什麼需要理由

作者	張隆基、Alice
發行人	吳素蓮
執行編輯	張守誠、林宛瑾、黃士玲
採訪	張世雅
主編	莊雅琦
網路編輯	吳孟青
封面設計	陳柔含
美術編輯	曾麗香

創辦人	陳銘民
發行所	晨星出版有限公司
	台中市西屯區工業30路1號1樓
	TEL：(04)2359-5820　FAX：(04)2355-0581
	行政院新聞局局版台業字第2500號
法律顧問	陳思成律師
初版	西元2018年3月6日

總經銷	知己圖書股份有限公司
	106台北市大安區辛亥路一段30號9樓
	TEL：02-23672044／23672047　FAX：02-23635741
	407台中市西屯區工業30路1號1樓
	TEL：04-23595819　FAX：04-23595493
	E-mail：service@morningstar.com.tw
	網路書店 http://www.morningstar.com.tw
讀者專線	04-23595819＃230
郵政劃撥	15060393（知己圖書股份有限公司）

印刷	上好印刷股份有限公司

定價320元
ISBN 978-986-443-410-7

Published by Morning Star Publishing Inc.
Printed in Taiwan

國家圖書館出版品預行編目資料

裸體為什麼需要理由 / 張隆基, Alice著. -- 初版. -- 臺
中市 : 晨星, 2018.03
　面; 公分，（勁草叢書 ; 426）

ISBN 978-986-443-410-7（平裝）

1.裸體 2.自然主義

538.167　　　　　　　　　　　　　107001184

請填妥後對折裝訂，直接投郵即可，免貼郵票。

407
台中市工業區30路1號
晨星出版有限公司

── 請沿虛線摺下裝訂，謝謝！ ──

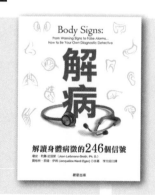